Minutos

DE ESTUDIO BÍBLICO

Programa de
Estudio
en 6 Semanas

EDIFICANDO

UN MATRIMONIO

QUE EN VERDAD

FUNCIONE

**MINISTERIOS
PRECEPTO
INTERNACIONAL**

KAY ARTHUR
DAVID &
BJ LAWSON

Edificando Un Matrimonio Que En Verdad Funcione
Publicado en inglés por WaterBrook Press
12265 Oracle Boulevard, Suite 200
Colorado Springs, Colorado 80921
Una división de Random House Inc.

Todas las citas bíblicas han sido tomadas de la Nueva Biblia Latinoamericana de Hoy;
© Copyright 2005
Por la Fundación Lockman.
Usadas con permiso (www.lockman.org).

ISBN 978-1-62119-214-5

2014 – Edición Estados Unidos

CÓMO USAR ESTE ESTUDIO

Este estudio bíblico ha sido diseñado para grupos pequeños que están interesados en conocer la Biblia, pero que disponen de poco tiempo para reunirse. Por ejemplo, es ideal para grupos que se reúnen a la hora de almuerzo en el trabajo, para estudios bíblicos de hombres, para grupos de estudio de damas, para clases pequeñas de Escuela Dominical, o incluso para devocionales familiares. También, es ideal para grupos que se reúnen durante períodos más largos – como por las noches o los sábados por la mañana – pero que sólo quieren dedicar una parte de su tiempo al estudio bíblico, reservando el resto del tiempo para la oración, comunión y otras actividades.

Este libro está diseñado de tal forma que el grupo tendrá que realizar la tarea de cada lección al mismo tiempo que se realiza el estudio. El discutir las observaciones a partir de lo que Dios dice acerca del tema revela verdades emocionantes e impactantes.

Aunque es un estudio grupal, se necesitará un facilitador para dirigir al grupo – alguien que permita que la discusión se mantenga activa. La función de esta persona no es la de conferencista o maestro. No obstante, cuando este libro se usa en una clase de Escuela Dominical, o en una reunión similar, el maestro debe sentirse en libertad de dirigir el estudio de forma más abierta, dando otras observaciones además de las que se encuentran en la lección semanal.

Si eres el facilitador del grupo, el líder, a continuación encontrarás algunas recomendaciones para hacer más fácil tu trabajo:

- Antes de dirigir al grupo, revisa toda la lección y marca el texto. Esto te familiarizará con el contenido y te capacitará para ayudar al grupo con mayor facilidad. Te será más cómodo dirigir al grupo siguiendo las instrucciones de cómo marcar, si tú como líder escoges un color específico para cada símbolo que marques.

- Al dirigir el grupo, comienza por el inicio del texto y lee en voz alta siguiendo el orden que aparece en la lección, incluyendo los "cuadros de aclaración" que pueden aparecer. Trabajen la lección juntos, observando y discutiendo lo que aprenden. Al leer los versículos bíblicos, haz que el grupo diga en voz alta la palabra que se está marcando en el texto.

- Las preguntas de discusión sirven para ayudarte a cubrir toda la lección. A medida que la clase participe en la discusión, muchas veces te darás cuenta de que ellos responderán a las preguntas por sí mismos. Ten presente que las preguntas de discusión son para guiar al grupo en el tema, no para suprimir la discusión.

- Recuerda lo importante que es para la gente el expresar sus respuestas y descubrimientos. Esto fortalece grandemente su entendimiento personal de la lección semanal. Asegúrate de que todos tengan oportunidad de contribuir en la discusión semanal.

- Mantén la discusión activa. Esto puede significar el pasar más tiempo en algunas partes del estudio que en otras. De ser necesario, siéntete en libertad de desarrollar una lección en más de una sesión. Sin embargo, recuerda que no debes ir a un ritmo muy lento. Es mejor que cada uno sienta que contribuye a la discusión semanal, "que deseen más", a que se retiren por falta de interés.

- Si las respuestas del grupo no te parecen adecuadas, puedes recordarles cortésmente, que deben mantenerse enfocados en la verdad de las Escrituras. La meta es aprender lo que la Biblia dice, no adaptarse a filosofías humanas. Sujétate únicamente a las Escrituras y permite que Dios te hable. ¡Su Palabra es verdad (Juan 17:17)!

EDIFICANDO UN MATRIMONIO QUE EN VERDAD FUNCIONE

U no de los juegos favoritos de las niñas, es el de "la novia". Imaginando el día de su boda, ellas desfilan alegremente con los zapatos de tacón alto de mamá y llevando en sus cabezas cualquier cobertor o mantel a manera del "velo de novia". Otro de los juegos, que son preferidos por niños y niñas, es el de "la casita"; papá va a trabajar y mamá cuida a los niños (generalmente muñecas y ositos), mientras prepara deliciosas comidas. Al llegar a casa, papá besa a mamá, se sientan juntos a comer y hablan de lo ocurrido en casa y en el trabajo.

Aquellos inocentes e infantiles días, pronto dan paso a las responsabilidades de la vida adulta. Es ahora cuando descubrimos, que el matrimonio en la vida real es diferente y mucho más difícil del que soñábamos tener en nuestra casita imaginaria de la infancia. Vivimos días en los que el significado de familia y hogar ha sido tremendamente distorsionado y cuestionado; días en que la relación esposo-esposa ha planteado más desafíos que nunca antes. Sea directa o indirectamente, todos hemos sido virtualmente afectados por el divorcio. Nuevas familias formadas por padres divorciados y múltiples ingresos económicos parecen ser la norma en nuestros días.

Considerando todo esto, ¿cómo podemos alcanzar el propósito de Dios para el matrimonio, en nuestro mundo moderno? En las siguientes semanas observaremos la institución del matrimonio y el papel del esposo y la esposa, así como los principios respecto a la comunicación, el amor y las finanzas. A través de este estudio descubrirás cómo cimentar y mantener la clase de matrimonio que Dios espera que tengas—un matrimonio que dure "hasta que la muerte los separe".

PRIMERA SEMANA

Después de que Dios creó los cielos y la tierra y todo lo que hay sobre ella, Él formó a las más maravillosas de todas Sus criaturas – al hombre y la mujer. Encontramos más detalle sobre el sexto día de la creación que de los otros días, indicando así el significado de estas creaciones distintivas. Dios creó al hombre y la mujer para tener una relación única el uno con el otro y con Él.

Comenzaremos nuestro estudio esta semana observando el diseño de Dios para el matrimonio. ¿Puede ésta realmente ser una relación permanente, significativa y feliz?

OBSERVA

Génesis es el libro de los orígenes. Observemos el relato de la Creación del hombre y la mujer y el origen de la institución que llamamos "matrimonio".

Líder: Lee en voz alta Génesis 1:26-28.
- *Pide al grupo que subraye toda referencia a **hombre**, incluyendo sus pronombres.*

DISCUTE
- ¿Qué aprendes al marcar hombre en cada uno de estos versículos?

- ¿Qué aprendiste acerca de varón y hembra en estos versículos?

Génesis 1:26-28

[26] Y dijo Dios:

"Hagamos al hombre a Nuestra imagen, conforme a Nuestra semejanza; y ejerza dominio sobre los peces del mar, sobre las aves del cielo, sobre los ganados, sobre toda la tierra, y sobre todo reptil que se arrastra sobre la tierra."

[27] Dios creó al hombre a imagen Suya, a imagen de Dios lo creó; varón y hembra los creó.

[28] Dios los bendijo y les dijo: "Sean fecundos y multiplíquense. Llenen la tierra y sométanla. Ejerzan dominio sobre los peces del mar, sobre las aves del cielo y sobre todo ser viviente que se mueve sobre la tierra."

• ¿Qué roles y responsabilidades fueron dadas por Dios al varón y a la hembra, en el versículo 28?

• ¿Podría una pareja formada por hombres o por mujeres, llevar a cabo las instrucciones de Dios? ¿Qué te dice esto sobre la institución del matrimonio?

• Discute por qué resulta significativo el que Dios les diera las mismas responsabilidades a ambos, tanto al varón como a la hembra.

ACLARACIÓN

Génesis 1 nos da una descripción general de la Creación, un resumen que nos dice rápidamente lo que sucedió desde el primer día de la Creación hasta el sexto. En Génesis 2, Dios se centra en los detalles de la creación del hombre. Algunos consideran contradictorios los relatos de los capítulos 1 y 2, pero no lo son. Simplemente registran los mismos acontecimientos pero desde diferentes perspectivas.

OBSERVA

El inicio de Génesis 2 nos da observaciones adicionales de la creación del hombre.

Líder: Lee en voz alta Génesis 2:7-8 y 18-20.

Pide al grupo que....

* *marque toda referencia a **Dios** con un triángulo:⟁, incluyendo sus pronombres.*

* *subraye toda referencia al **hombre**, incluyendo sus pronombres y sinónimos.*

DISCUTE

* ¿Qué aprendiste al marcar las referencias al hombre?

* Después que Dios creó al hombre y lo puso en el huerto, ¿qué le dijo Dios?

* De acuerdo a estos versículos, ¿por qué hizo Dios a la mujer?

Génesis 2:7-8, 18-20

[7] Entonces el SEÑOR Dios formó al hombre del polvo de la tierra, y sopló en su nariz el aliento de vida, y fue el hombre un ser viviente.

[8] Y el SEÑOR Dios plantó un huerto hacia el oriente, en Edén, y puso allí al hombre que había formado.

[18] Entonces el SEÑOR Dios dijo: "No es bueno que el hombre esté solo; le haré una ayuda adecuada."

[19] Y el SEÑOR Dios formó de la tierra todo animal del campo y toda ave del cielo, y los trajo al hombre para ver cómo los llamaría. Como el hombre llamó

a cada ser viviente, ése fue su nombre.

²⁰ El hombre puso nombre a todo ganado y a las aves del cielo y a todo animal del campo, pero para Adán no se encontró una ayuda que fuera adecuada para él.

ACLARACIÓN

El hombre necesitaba "una ayuda idónea". La palabra para *ayuda*, en hebreo, no significa "siervo" o "esclavo". Esta palabra se usa comúnmente en la Biblia, para referirse a Dios como nuestro ayudador; a menudo en un sentido militar. Un ayudador que viene a ser alguien superior o de igual rango, que se junta al lado de otro para apoyarlo en una situación que no puede manejar solo. De acuerdo con este pasaje, el hombre necesita ayuda— una compañera igual en todo sentido, cuyas fortalezas compensarán sus debilidades.

Génesis 2:21-24

²¹ Entonces el SEÑOR Dios hizo caer un sueño profundo sobre el hombre, y éste se durmió. Y Dios tomó una de sus costillas, y cerró la carne en ese lugar.

²² De la costilla que el SEÑOR Dios había

OBSERVA

Líder: Lee en voz alta Génesis 2:21-24.

• *Pide al grupo que encierre en un círculo toda referencia a la **mujer**, incluyendo sus pronombres.*

DISCUTE

• Discute cómo creó Dios a la mujer.

• Observando lo que has marcado en este pasaje, haz las seis preguntas básicas—quién, qué, cómo, cuándo, dónde y por qué—para ver lo que el texto dice sobre la mujer.

• **¿Por qué** fue creada?

• **¿Cuándo** fue creada, con respecto a la creación del hombre?

• ¿Para **quién** fue creada? ¿Por qué era esto importante?

• De acuerdo con el versículo 23, ¿**qué** dijo el hombre cuando Dios le trajo la mujer?

• "Por tanto", en el versículo 24, hace referencia a los versículos 21-23. De acuerdo con el versículo 24, ¿qué debe suceder cuando una pareja se casa?

tomado del hombre, formó una mujer y la trajo al hombre.

23 Y el hombre dijo: "Esta es ahora hueso de mis huesos, y carne de mi carne. Ella será llamada mujer, porque del hombre fue tomada."

24 Por tanto el hombre dejará a su padre y a su madre y se unirá a su mujer, y serán una sola carne.

ACLARACIÓN

El término "unir a" (traducido como "adherir" en algunas Biblias) significa "pegar conjuntamente, adherirse a, prendarse a". Conlleva la idea de lealtad y devoción.

Imagina dos hojas de papel, una roja y una verde. Si les aplicaras pegamento y las pegaras juntas, luego de que el pegamento se secara, ¿qué sucedería si las quisieras separar?, ¿podrías hacerlo perfectamente? ¡Por supuesto que no!, pues te darías cuenta que algo del papel rojo seguiría pegado al verde y viceversa. También ocurrirán pequeñas rupturas en ambos papeles.

Lo mismo es verdad con respecto a la relación matrimonial. Una vez que dos personas están unidas en matrimonio, no existe lo que se conoce como "rompimiento total", hablando en términos del divorcio. Aun cuando no haya niños involucrados, los participantes experimentarán una ruptura en su intimidad, emociones, y otros sentimientos.

- ¿Qué nos dice la frase "una sola carne" respecto al plan de Dios para el matrimonio?

- Cuando dos llegan a ser "uno" en el matrimonio, realmente están unidos. ¿Qué sucede si se separan el uno del otro?

- Discute cómo debería afectar la relación matrimonial el conocer todo esto.

OBSERVA

Líder: Lee 1 Corintios 6:15-16 en voz alta.

- *Pide al grupo que dibuje un rectángulo alrededor de toda referencia a **cuerpos** o **miembros**, incluyendo sus pronombres.*

DISCUTE

- ¿Qué aprendiste en este pasaje, acerca de la relación sexual?

---

1 Corintios 6:15-16

15 ¿No saben que sus cuerpos son miembros de Cristo? ¿Tomaré, acaso, los miembros de Cristo y los haré miembros de una ramera? ¡De ningún modo!

16 ¿O no saben que el que se une a una ramera es un cuerpo con ella? Porque El dice: "Los dos vendran a ser una sola carne."

Mateo 19:3-10

³ Y se acercaron a El algunos Fariseos para ponerlo a prueba, diciendo: "¿Le está permitido a un hombre divorciarse de su mujer por cualquier motivo?"

⁴ Jesús les respondió: "¿No han leído que Aquél que los creó, desde el principio los hizo varón y hembra,

⁵ y dijo: 'Por esta razón el hombre dejará a su padre y a su madre y se unirá a su mujer, y los dos serán una sola carne'?

⁶ Así que ya no son dos, sino una sola carne. Por tanto, lo que Dios ha unido, ningún hombre lo separe."

OBSERVA

Hasta ahora hemos visto que el diseño de Dios es que el matrimonio dure para siempre. ¿Habrá algunas excepciones en esto?

Líder: Lee en voz alta Mateo 19:3-10.
Pide al grupo que diga en voz alta y marque...
- *toda referencia a* **Dios** *con un triángulo incluyendo sus pronombres.* △
- *toda referencia a* **divorcio** *con una línea como ésta:* / *, incluyendo sus pronombres.*

DISCUTE

- ¿Cuál percibes que es la postura de Dios con respecto al matrimonio? ¿Por qué?

- Según estos versículos, ¿por qué Moisés permitía el divorcio?

- ¿Qué manifiesta, respecto a la condición del corazón, el deseo de divorciarse de su pareja?

- De acuerdo al versículo 9, si una persona se divorcia de su pareja y se casa con otro(a), ¿de qué es culpable él o ella?

[7] Ellos Le dijeron: "Entonces, ¿por qué mandó Moisés darle carta de divorcio y repudiarla?"

- ¿Cuáles son las excepciones para esto, si las hay?

[8] El les contestó: "Por la dureza de su corazón Moisés les permitió a ustedes divorciarse de sus mujeres; pero no ha sido así desde el principio.

- ¿Por qué piensas que esto es cierto?

[9] Pero Yo les digo que cualquiera que se divorcie de su mujer, salvo por infidelidad, y se case con otra, comete adulterio."

- ¿A qué conclusión llegaron los discípulos a partir de esta enseñanza?

[10] Los discípulos Le dijeron: "Si así es la relación del hombre con su mujer, no conviene casarse."

- El conocer esto, ¿cómo afecta tu postura respecto al matrimonio?

Malaquías 2:13-16

¹³ "Y esta otra cosa hacen: cubren el altar del Señor de lágrimas, llantos y gemidos, porque El ya no mira la ofrenda ni la acepta con agrado de su mano.

¹⁴ Y ustedes dicen: '¿Por qué?' Porque el Señor ha sido testigo entre tú y la mujer de tu juventud, contra la cual has obrado deslealmente, aunque ella es tu compañera y la mujer de tu pacto.

¹⁵ Pero ninguno que tenga un remanente del Espíritu lo ha hecho así. ¿Y qué hizo éste mientras buscaba una descendencia de parte de Dios? Presten atención, pues, a su

OBSERVA

Observemos un pasaje del Antiguo Testamento que habla del punto de vista de Dios sobre el divorcio.

Líder: Lee Malaquías 2:13-16 en voz alta. Pide al grupo que...
- *encierre en un círculo toda referencia a la **mujer**, incluyendo sus pronombres.*
- *marque **divorcio** de la misma manera que lo hicieron antes.*

DISCUTE

- ¿Por qué Dios no aceptaría las ofrendas que el pueblo estaba presentando?

- ¿Cómo respondió el pueblo a Su rechazo de las ofrendas?

- ¿Qué aprendiste al marcar *divorcio*?

OBSERVA

Antes de finalizar el estudio de esta semana, examinemos otro versículo que describe la perspectiva de Dios sobre el matrimonio.

Líder: Lee en voz alta Hebreos 13:4.

- *Pide al grupo que dibuje un rectángulo alrededor de cada referencia a **matrimonio**.*

DISCUTE

- De acuerdo a este versículo, ¿cómo debe ser respetado el matrimonio?

- ¿Qué mancharía el lecho matrimonial?

- ¿Qué les hará Dios a los que lo deshonren?

- Resume y discute lo que has aprendido esta semana acerca del matrimonio.

espíritu; no seas desleal con la mujer de tu juventud.

[16] "Porque Yo detesto el divorcio," dice el Señor, Dios de Israel, "y al que cubre de iniquidad su vestidura," dice el Señor de los ejércitos. "Presten atención, pues, a su espíritu y no sean desleales."

Hebreos 13:4

[4] Sea el matrimonio honroso en todos, y el lecho matrimonial sin deshonra, porque a los inmorales y a los adúlteros los juzgará Dios.

FINALIZANDO

Dios diseñó a Adán y a Eva para una relación exclusiva con Él. Ninguna otra criatura disfrutaba de este tipo de unión. La primera pareja fue hecha a la imagen de Dios, le fue dado dominio sobre el resto de la creación y disfrutaba de una comunión diaria con el Creador.

Trágicamente, Adán y Eva hicieron una elección equivocada; comieron el fruto prohibido y el pecado entró en el mundo. En las siguientes semanas veremos cómo afectó esto la relación matrimonial. Por ahora, tenemos que reconocer que, a causa del pecado, el matrimonio cuesta trabajo; sin embargo, Dios capacita a los creyentes para triunfar a pesar de los desafíos. Él no sólo les provee de un manual de instrucciones, sino que también les provee de Su Espíritu Santo, el cual nos capacita para llevar a cabo las instrucciones de la Escritura. Todo lo que tenemos que hacer es seguir las instrucciones cuidadosamente.

Dios diseñó el matrimonio para que sea para siempre, una relación íntima en la que dos son unidos como uno solo, de forma irreversible. El matrimonio es una ilustración terrenal de la relación entre Jesús y Su iglesia, la novia de Cristo. Los matrimonios deberían ser testimonios vivos de la unión inseparable de Jesús con los creyentes. Cuando las esposas y los esposos pelean, con frecuencia se vuelven distantes o apartados en su relación; por causa de esto, la semejanza con la relación espiritual entre Jesús y Su iglesia queda distorsionada. Aprenderemos más sobre esto en las próximas lecciones.

Nuestra sociedad presiona a los hombres a triunfar en las áreas del trabajo y la competición física, mientras descuidan la importancia de sus relaciones. Muchos hombres tienden a entregarse a su trabajo hasta que éste consume sus vidas. Por la noche, el esposo promedio llega exhausto a su hogar, listo para relajarse y desconectarse emocional y mentalmente de todo y de todos. A menudo, él abandona a su familia emocional, física, espiritual y en ocasiones económicamente. Otros hombres hacen todo lo contrario, presentan miles de excusas para rehuir al trabajo, desatendiendo así sus responsabilidades familiares.

Esta semana veremos lo que Dios tiene que decir acerca del papel del esposo en el matrimonio. ¿Es el trabajar y proveer para su familia su única responsabilidad? ¿Es libre de hacer lo que quiera con su tiempo, de mantenerse independiente de las necesidades o deseos de su familia? Observemos la Escritura para obtener las respuestas a estas preguntas.

OBSERVA

Al comenzar nuestro estudio, repasaremos las responsabilidades que Dios puso sobre el hombre y la mujer después de haberlos creado.

Líder: Lee Génesis 2:8-9, 15-25.
• *Subraya toda referencia a **hombre**, incluyendo sus pronombres.*

Génesis 2:8-9, 15-25

⁸ Y el Señor Dios plantó un huerto hacia el oriente, en Edén, y puso allí al hombre que había formado.

⁹ El Señor Dios hizo brotar de la tierra todo árbol agradable a la vista y bueno para comer. Asimismo,

en medio del huerto, hizo brotar el árbol de la vida y el árbol del conocimiento del bien y del mal.

[15] El SEÑOR Dios tomó al hombre y lo puso en el huerto del Edén para que lo cultivara y lo cuidara.

[16] Y el SEÑOR Dios ordenó al hombre: "De todo árbol del huerto podrás comer,

[17] pero del árbol del conocimiento del bien y del mal no comerás, porque el día que de él comas, ciertamente morirás."

[18] Entonces el SEÑOR Dios dijo: "No es bueno que el hombre esté solo; le haré una ayuda adecuada."

DISCUTE

• Discute lo que aprendiste acerca del hombre en estos pasajes.

• ¿Cuál era el plan de Dios para el hombre en el área del trabajo? y ¿cuál era Su plan para el área de las relaciones? Explica tus respuestas.

¹⁹ Y el Señor Dios formó de la tierra todo animal del campo y toda ave del cielo, y los trajo al hombre para ver cómo los llamaría. Como el hombre llamó a cada ser viviente, ése fue su nombre.

²⁰ El hombre puso nombre a todo ganado y a las aves del cielo y a todo animal del campo, pero para Adán no se encontró una ayuda que fuera adecuada para él.

²¹ Entonces el Señor Dios hizo caer un sueño profundo sobre el hombre, y éste se durmió. Y Dios tomó una de sus costillas, y cerró la carne en ese lugar.

²² De la costilla que el Señor Dios había tomado del hombre, formó una mujer y la trajo al hombre.

²³ Y el hombre dijo:
"Esta es ahora hueso
de mis huesos, y carne
de mi carne. Ella será
llamada mujer, porque
del hombre fue tomada."

²⁴ Por tanto el hombre
dejará a su padre y a su
madre y se unirá a su
mujer, y serán una sola
carne.

²⁵ Ambos estaban
desnudos, el hombre
y su mujer, pero no se
avergonzaban.

1 Corintios 11:3, 8-12

³ Pero quiero que sepan
que la cabeza de todo
hombre es Cristo, y la
cabeza de la mujer es el
hombre, y la cabeza de
Cristo es Dios.

⁸ Porque el hombre no
procede de la mujer,
sino la mujer del
hombre.

⁹ En verdad el hombre
no fue creado a causa de

OBSERVA

*Líder: Lee en voz alta 1 Corintios 11:3, 8-12.
Pide al grupo que...*
* *subraye toda referencia al **hombre**.*
* *encierre en un círculo toda referencia a la **mujer**.*

DISCUTE

• ¿Qué aprendiste en 1 Corintios acerca de la relación entre el hombre y la mujer?

• Según lo que has estudiado, ¿pretendía Dios que la mujer fuera considerada inferior al hombre, en cuanto a posición? Explica tu respuesta.

OBSERVA

Líder: Lee en voz alta Gálatas 3:28. Pide al grupo que...

• *subraye la palabra* **hombre**.

• *encierre en un círculo la palabra* **mujer**.

DISCUTE

• ¿Cómo aclara este versículo el pasaje de 1 Corintios?

la mujer, sino la mujer a causa del hombre.

¹⁰ Por tanto, la mujer debe tener un símbolo de autoridad sobre la cabeza, por causa de los ángeles.

¹¹ Sin embargo, en el Señor, ni la mujer es independiente del hombre, ni el hombre independiente de la mujer.

¹² Porque así como la mujer procede del hombre, también el hombre nace de la mujer; y todas las cosas proceden de Dios.

Gálatas 3:28

No hay Judío ni Griego; no hay esclavo ni libre; no hay hombre ni mujer, porque todos son uno en Cristo Jesús.

Génesis 3:1-13, 16-24

¹ La serpiente era más astuta que cualquiera de los animales del campo que el Señor Dios había hecho. Y dijo a la mujer: "¿Con que Dios les ha dicho: 'No comerán de ningún árbol del huerto'?"

² La mujer respondió a la serpiente: "Del fruto de los árboles del huerto podemos comer;

³ pero del fruto del árbol que está en medio del huerto, Dios ha dicho: 'No comerán de él, ni lo tocarán, para que no mueran.'"

⁴ Y la serpiente dijo a la mujer: "Ciertamente no morirán.

⁵ Pues Dios sabe que el día que de él coman, se les abrirán los ojos

OBSERVA

Líder: *Lee en voz alta Génesis 3:1-13, 16-24. Pide al grupo que...*

* *subraye toda referencia al* **hombre***, incluyendo sus pronombres.*

* *encierre en un círculo toda referencia a la* **mujer***, incluyendo sus pronombres.*

DISCUTE

* Discute lo que has aprendido al marcar *hombre* y *mujer*.

* ¿Quién comió primero del fruto del árbol?

• ¿Qué sucedió cuando comieron del fruto?

y ustedes serán como Dios, conociendo el bien y el mal."

[6] Cuando la mujer vio que el árbol era bueno para comer, y que era agradable a los ojos, y que el árbol era deseable para alcanzar sabiduría, tomó de su fruto y comió. También dio a su marido que estaba con ella, y él comió.

• Cuando Dios cuestionó a Adán con respecto a lo que él y Eva habían hecho, ¿cuál fue la respuesta de Adán?

[7] Entonces fueron abiertos los ojos de ambos, y conocieron que estaban desnudos; y cosieron hojas de higuera y se hicieron delantales.

[8] Y oyeron al Señor Dios que se paseaba en el huerto al fresco del día. Entonces el hombre y su mujer se escondieron de la presencia del Señor

Dios entre los árboles del huerto.

⁹ Pero el Señor Dios llamó al hombre y le dijo: "¿Dónde estás?"

¹⁰ Y él respondió: "Te oí en el huerto, tuve miedo porque estaba desnudo, y me escondí."

¹¹ "¿Quién te ha hecho saber que estabas desnudo?" le preguntó Dios. "¿Has comido del árbol del cual Yo te mandé que no comieras?"

¹² El hombre respondió: "La mujer que Tú me diste por compañera me dio del árbol, y yo comí."

¹³ Entonces el Señor Dios dijo a la mujer: "¿Qué es esto que has hecho?" "La serpiente

• ¿Qué puedes aprender de la respuesta de Adán y de la de Dios, que tenga que ver con tu propio matrimonio?

• Cuándo Dios cuestionó a Eva sobre lo que hizo, ¿cuál fue su respuesta?

• ¿Cuál dijo Dios que sería la posición de Adán con respecto a Eva después de la Caída? Anota el versículo.

me engañó, y yo comí," respondió la mujer.

¹⁶ A la mujer dijo: "En gran manera multiplicaré tu dolor en el parto, con dolor darás a luz los hijos. Con todo, tu deseo será para tu marido, y él tendrá dominio sobre ti."

¹⁷ Entonces el SEÑOR dijo a Adán: "Por cuanto has escuchado la voz de tu mujer y has comido

• ¿Cuáles fueron las consecuencias que recibió Adán por sus acciones?

del árbol del cual te ordené, diciendo: 'No comerás de él,' maldita será la tierra por tu causa; con trabajo comerás de ella Todos los días de tu vida.

¹⁸ Espinos y cardos te producirá, y comerás de las plantas del campo.

¹⁹ Con el sudor de tu rostro comerás el pan

hasta que vuelvas a la tierra, porque de ella fuiste tomado; pues polvo eres, y al polvo volverás."

• De todo lo que has leído hasta ahora, ¿cuál parece ser el papel principal del hombre, a partir del versículo 16? ¿Por qué?

²⁰ El hombre le puso por nombre Eva a su mujer, porque ella era la madre de todos los vivientes.

²¹ El Señor Dios hizo vestiduras de piel para Adán y su mujer, y los vistió.

• ¿Qué aprendes de las respuestas de Adán y Eva, que pudiera aplicarse a tu matrimonio?

²² Entonces el Señor Dios dijo: "Ahora el hombre ha venido a ser como uno de Nosotros, conociendo ellos el bien y el mal. Cuidado ahora, no vaya a extender su mano y tome también del árbol de la vida, y coma y viva para siempre."

• Discute las responsabilidades que Dios puso sobre Adán como resultado de la Caída y cómo se comparan con las responsabilidades que tenían antes de la Caída.

²³ Y el Señor Dios lo echó del huerto del Edén, para que labrara

OBSERVA

Como vimos en el pasaje anterior, la tierra fue maldita a causa del hombre; por su pecado. Ahora, el trabajo le costaría mucho tiempo y esfuerzo al hombre, ya que Dios le hizo responsable de la provisión para su familia. La mayoría de los hombres cumplen bien con esa responsabilidad; sin embargo, escuchamos cada vez más acerca de "padres despreocupados", que no se hacen responsables de sus hijos. También se escucha de hombres que gastan sus ingresos en placeres superficiales mientras sus familias pasan por angustiantes necesidades. Veamos lo que Dios dice sobre esto.

Líder: Lee los siguientes pasajes: Éxodo 34:21; 2 Tesalonicenses 3:6-12 y 1 Timoteo 5:8. Pide al grupo que...

• *dibuje un rectángulo alrededor de toda referencia a* **trabajar**, *incluyendo sinónimos como* **proveer.**

• *subraye la palabra* **desordenadamente** *cada vez que se mencione.*

DISCUTE

• Discute lo que aprendiste en estos pasajes, acerca de la responsabilidad del hombre de proveer para su familia.

la tierra de la cual fue tomado.

24 Expulsó, pues, al hombre; y al oriente del huerto del Edén puso querubines, y una espada encendida que giraba en todas direcciones para guardar el camino del árbol de la vida.

Éxodo 34:21

"Seis días trabajarás, pero en el séptimo día descansarás. Aun en el tiempo de arar y de segar, descansarás.

2 Tesalonicenses 3:6-12

6 Ahora bien, hermanos, les mandamos en el nombre de nuestro Señor Jesucristo, que se aparten de todo hermano que ande desordenadamente, y no según la doctrina que

ustedes recibieron de nosotros.

[7] Pues ustedes mismos saben cómo deben seguir nuestro ejemplo, porque no obramos de manera indisciplinada entre ustedes,

[8] ni comimos de balde el pan de nadie, sino que con dificultad y fatiga trabajamos día y noche a fin de no ser carga a ninguno de ustedes.

[9] No porque no tengamos derecho a ello, sino para ofrecernos como modelo a ustedes a fin de que sigan nuestro ejemplo.

[10] Porque aun cuando estábamos con ustedes les ordenábamos esto: Si alguien no quiere

• ¿Qué aprendiste al marcar las referencias a trabajar y andar desordenadamente?

• De acuerdo con estos pasajes, ¿qué responsabilidades debe aceptar el hombre para con su familia (los de su casa)?

• Si el hombre falla en hacer lo que Dios espera de él, ¿qué le sucederá? ¿Cómo se describe a esa clase de hombre en 1 Timoteo 5:8?

trabajar, que tampoco coma.

[11] Porque oímos que algunos entre ustedes andan desordenadamente, sin trabajar, pero andan metiéndose en todo.

[12] A tales personas les ordenamos y exhortamos en el SEÑOR Jesucristo, que trabajando tranquilamente, coman su propio pan.

1 Timoteo 5:8

Pero si alguien no provee para los suyos, y especialmente para los de su casa, ha negado la fe y es peor que un incrédulo.

1 Corintios 11:3

Pero quiero que sepan que la cabeza de todo hombre es Cristo, y la cabeza de la mujer es el hombre, y la cabeza de Cristo es Dios.

OBSERVA

Ahora, veamos otro aspecto del papel del hombre dentro de la familia.

Líder: Lee en voz alta 1 Corintios 11:3. Pide al grupo que haga lo siguiente:

- *subraye toda referencia al **hombre**.*
- *encierre en un círculo toda mención a la **mujer**.*

DISCUTE

- Dibuja un diagrama simple que represente la estructura de autoridad descrita en este versículo.

- ¿Quién es la cabeza de todo hombre? Todo hombre responsable, ¿a quién debe someterse?

- Si un hombre no se somete, ¿qué le está demostrando a su esposa?

- ¿De quién es la responsabilidad de que un hombre se someta? ¿Es responsabilidad de la esposa hacer que el esposo se someta a la autoridad de Cristo?

OBSERVA

Líder: Lee en voz alta Efesios 5:22-33. Pide al grupo que...

- *subraye cada referencia a **marido(s)**, incluyendo pronombres y sinónimos.*

- *dibuje un rectángulo alrededor de las palabras y frases **así como**, **y como**, las que nos indican una **comparación** en el texto.*

Efesios 5:22-33

²² Las mujeres estén sometidas a sus propios maridos como al SEÑOR.

²³ Porque el marido es cabeza de la mujer, así como Cristo es cabeza de la iglesia, siendo El mismo el Salvador del cuerpo.

²⁴ Pero así como la iglesia está sujeta a Cristo, también las mujeres deben estarlo a sus maridos en todo.

²⁵ Maridos, amen a sus mujeres, así como Cristo amó a la iglesia y se dio El mismo por ella,

²⁶ para santificarla, habiéndola purificado por el lavamiento del agua con la palabra,

²⁷ a fin de presentársela a sí mismo, una iglesia en toda su gloria, sin que tenga mancha ni arruga ni cosa semejante, sino que fuera santa e inmaculada.

²⁸ Así deben también los maridos amar a sus mujeres, como a sus propios cuerpos. El que ama a su mujer, a sí mismo se ama.

²⁹ Porque nadie aborreció jamás su propio cuerpo, sino que lo sustenta y lo cuida, así como también Cristo a la iglesia;

³⁰ porque somos miembros de Su cuerpo.

³¹ Por esto el hombre dejará a su padre y a su madre, y se unirá a su

ACLARACIÓN

Entender las palabras *amar*, *sustentar* y *cuidar* es de suma importancia para comprender el exclusivo papel que tiene el hombre dentro del matrimonio.

La palabra traducida aquí como amar es la palabra griega agapao; la que denota un amor incondicional que desea el mayor bien para el ser amado. El tiempo presente de este verbo griego, indica una acción continua, habitual. Este tipo de amor no es simplemente una emoción; también es una elección.

La palabra *sustentar* significa "nutrir, instruir, alimentar".

Cuidar significa "dar calor, enternecer junto al calor, abrigar". Se usa para describir cuando las aves cubren a sus crías con sus plumas. Indica la acción de criar con tierno cariño y amor.

Nuevamente, el tiempo presente del verso 29 denota una acción continua, habitual.

DISCUTE

• ¿Qué observaste al marcar las instrucciones para el esposo?

• ¿Qué ejemplo de amor nos da Pablo en este pasaje?

ACLARACIÓN

En este pasaje, Dios dice a los esposos que amen a sus esposas "así como Cristo amó a la iglesia". Un esposo debe sustentar y cuidar a su esposa, no simplemente porque lo necesita, sino porque él debe ser un ejemplo visible de Jesucristo. Un esposo es para su esposa lo que Cristo es para Su esposa, la iglesia. El esposo debe ser una carta viviente, leída por todos los hombres. Con su carácter y estilo de vida, un hombre puede demostrar el carácter y obra de Cristo a favor de Su iglesia, o puede empañar el cuadro que Dios pretende mostrar por medio del matrimonio.

• ¿Hasta qué punto debe amar un hombre a su esposa?

mujer, y los dos seran una sola carne.

³² Grande es este misterio, pero hablo con referencia a Cristo y a la iglesia.

³³ En todo caso, cada uno de ustedes ame también a su mujer como a sí mismo, y que la mujer respete a su marido.

1 Pedro 3:7

Ustedes, maridos, igualmente, convivan de manera comprensiva con sus mujeres, como con un vaso más frágil, puesto que es mujer, dándole honor por ser heredera como ustedes de la gracia de la vida, para que sus oraciones no sean estorbadas.

Colosenses 3:19

Maridos, amen a sus mujeres y no sean ásperos con ellas.

Efesios 5:25

Maridos, amen a sus mujeres, así como Cristo amó a la iglesia y se dio El mismo por ella.

OBSERVA

Hemos visto que el esposo es para la esposa, lo mismo que Cristo es para la iglesia. Ya que el esposo debe amar a su esposa como Cristo amó a la iglesia y dado que también el esposo es cabeza de la mujer, la dirección de ella debe darse dentro de un contexto de amor. Veamos más sobre este aspecto del papel del esposo en el matrimonio.

Líder: Lee en voz alta los siguientes pasajes: 1 Pedro 3:7; Colosenses 3:19 y Efesios 5:25.

• *Pide al grupo que subraye toda referencia a los **maridos**, incluyendo sus pronombres.*

DISCUTE

• Discute lo que has aprendido en estos versículos, acerca del papel del esposo.

• ¿Qué sucederá si un esposo no sigue las instrucciones de 1 Pedro 3:7?

- ¿Qué razones has escuchado dar a los hombres para renunciar a sus responsabilidades como esposos y padres?

- ¿Cómo se compara su forma de pensar, con lo que has aprendido en tu estudio de esta semana?

- Nombra cinco cosas que un esposo puede hacer para amar, sustentar y cuidar a su esposa.

FINALIZANDO

Los versículos que hemos leído en esta semana, nos muestran que Dios hace responsables a los esposos, de proveer para sus familias y amar a sus esposas. El diseño de Dios para el matrimonio requiere de un esposo que ama a su esposa incondicionalmente, tal como Cristo amó a la Iglesia. Él demanda a los esposos el mismo amor voluntario, incondicional y sacrificial que Jesús demostró cuando rindió Su vida por la pecadora humanidad. ¡Qué llamado tan alto y qué asombrosa responsabilidad!

¿Puedes imaginarte lo que sucedería si todo esposo pusiera a su esposa y familia como su más alta prioridad después de Dios? El índice de divorcios descendería drásticamente. Los hogares serían restaurados. Los hijos encontrarían la seguridad, paz y alegría que anhelan sus corazones.

Esposo, ¿eres tú un siervo-líder que ilustra el amor y dirección de Cristo o un dictador que grita sus órdenes? ¿Cómo puedes mostrar amor para con tu esposa? ¿Cómo puedes servir a sus necesidades? ¿Tienes empleo? Si no, ¿por qué no? En caso afirmativo, ¿estás trabajando para garantizar el bienestar de tu esposa y familia? ¿Te has enfocado tanto en tu papel como proveedor, que has fallado en tu responsabilidad de amar a tu esposa y familia?

Tómate algo de tiempo para identificar al menos una acción que puedas llevar a cabo en esta semana para cumplir efectivamente tu papel dado por Dios.

TERCERA SEMANA

Los papeles tradicionales del hombre y la mujer han sido radicalmente cuestionados y modificados durante los últimos años. A las mujeres se les dice que pueden hacer y tener todo cuanto deseen. Se les anima a ser emocional y económicamente independientes de sus esposos; de tal manera, que se sienten presionadas a mantener el equilibrio entre sus responsabilidades laborales y familiares.

Esta semana observaremos las verdades de Dios con respecto al papel de la mujer en el matrimonio. Conocer estas verdades te ayudará a no ser atraído a la red de mentiras que el mundo ha tejido para ti.

OBSERVA

Aunque ya hemos observado la creación del hombre y la mujer en Génesis 1, regresemos una vez más con el propósito de observar el papel de la mujer.

Líder: Lee en voz alta Génesis 1:26-28; 2:18, 21-25. Pide al grupo que haga lo siguiente:

- *Subrayar toda referencia a **hombre**, incluyendo sus pronombres y sinónimos.*
- *Encerrar con un círculo toda referencia a la **mujer**, incluyendo sus pronombres y sinónimos.*
- *Subrayar con doble línea cada referencia a **ellos** y sus pronombres.*

Génesis 1:26-28

26 Y dijo Dios: "Hagamos al hombre a Nuestra imagen, conforme a Nuestra semejanza; y ejerza dominio sobre los peces del mar, sobre las aves del cielo, sobre los ganados, sobre toda la tierra, y sobre todo reptil que se arrastra sobre la tierra."

27 Dios creó al hombre a imagen Suya, a imagen de Dios lo creó; varón y hembra los creó.

[28] Dios los bendijo y les dijo: "Sean fecundos y multiplíquense. Llenen la tierra y sométanla. Ejerzan dominio sobre los peces del mar, sobre las aves del cielo y sobre todo ser viviente que se mueve sobre la tierra."

DISCUTE

• ¿Cuál fue la instrucción de Dios, dada al hombre y a la mujer, en el versículo 28?

Génesis 2:18, 21-25

[18] Entonces el SEÑOR Dios dijo: "No es bueno que el hombre esté solo; le haré una ayuda adecuada."

• ¿Quién creó a la mujer?

[21] Entonces el SEÑOR Dios hizo caer un sueño profundo sobre el hombre, y éste se durmió. Y Dios tomó una de sus costillas, y cerró la carne en ese lugar.

• ¿Cómo fue creada?

[22] De la costilla que el SEÑOR Dios había

- ¿En qué formas es similar la historia de la creación de la mujer con la del hombre? ¿En qué es diferente?

- De acuerdo a los versículos que acabas de leer, ¿qué observas como propósito particular de la mujer?

- Discute por qué es importante esta verdad, para la sociedad de nuestros días.

tomado del hombre, formó una mujer y la trajo al hombre.

[23] Y el hombre dijo: "Esta es ahora hueso de mis huesos, y carne de mi carne. Ella será llamada mujer, porque del hombre fue tomada."

[24] Por tanto el hombre dejará a su padre y a su madre y se unirá a su mujer, y serán una sola carne.

[25] Ambos estaban desnudos, el hombre y su mujer, pero no se avergonzaban.

1 Pedro 3:7

Ustedes, maridos, igualmente, convivan de manera comprensiva con sus mujeres, como con un vaso más frágil, puesto que es mujer, dándole honor por ser heredera como ustedes de la gracia de la vida, para que sus oraciones no sean estorbadas.

Génesis 3:16

A la mujer dijo: "En gran manera multiplicaré tu dolor en el parto, con dolor darás a luz los hijos. Con todo, tu deseo será para tu marido, y él tendrá dominio sobre ti."

OBSERVA

Líder: Lee en voz alta 1 Pedro 3:7.

- *Pide al grupo que encierre con un círculo toda referencia a la **mujer**, incluyendo sinónimos y pronombres.*

DISCUTE

- ¿Qué aprendes al marcar las referencias a la mujer?

OBSERVA

Cuando Adán y Eva comieron del árbol del conocimiento del bien y del mal, sus circunstancias cambiaron dramáticamente. Ahora eran pecadores (Romanos 5:12) y ya no disfrutaban una relación íntima con Dios. Génesis 3:16 detalla las consecuencias del pecado de la mujer.

Líder: Lee en voz alta Génesis 3:16. Pide al grupo que...

- *encierre en un círculo toda referencia a la **mujer**, incluyendo sus inferencias verbales, sinónimos y pronombres.*
- *dibuje una nube como ésta alrededor de la palabra **deseo**.*

DISCUTE

• ¿Cuáles fueron las consecuencias de la desobediencia de la mujer?

ACLARACIÓN

La palabra hebrea traducida aquí como deseo, sólo es usada otras dos veces en la Biblia. Una de ellas en Génesis 3:16, 4:7, y la otra en el libro Cantar de los Cantares 7:10. Significa "anhelar" o "rendirse en pos de". La forma en la que se interpreta una palabra o frase depende del contexto en que aparece. En este pasaje la palabra deseo es usada en un contexto de pecado y juicio. Por esta razón, muchos comentaristas consideran que como consecuencia del pecado, Eva desearía usurpar el lugar de Adán, tratando de controlarlo y gobernarlo.

OBSERVA

Líder: Lee Génesis 4:7 en voz alta.

• *Pide al grupo que dibuje una nube alrededor de la palabra **codicia**.*

Génesis 4:7

Si haces bien, ¿no serás aceptado? Pero si no haces bien, el pecado yace a la puerta y te codicia, pero tú debes dominarlo."

DISCUTE

• A la luz de este pasaje, ¿cómo explicarías la declaración de Génesis 3:16, "tu deseo será para tu marido y él tendrá dominio sobre ti"?

• ¿Por qué crees que Dios dijo esto después de la Caída?

Efesios 5:18-23, 33

[18] Y no se embriaguen con vino, en lo cual hay disolución, sino sean llenos del Espíritu.

[19] Hablen entre ustedes con salmos, himnos y cantos espirituales, cantando y alabando con su corazón al Señor.

[20] Den siempre gracias por todo, en el nombre de nuestro Señor Jesucristo, a Dios, el Padre.

OBSERVA

Efesios 5:18-33 es probablemente el pasaje más importante en la Biblia con respecto a la relación marido-mujer. La semana pasada observamos muchos de estos versículos al examinar el papel del hombre en el matrimonio; veamos ahora lo que Pablo dijo sobre el papel de la mujer.

Líder: Lee Efesios 5:18-23, 33 en voz alta. Pide al grupo que...

• *encierre en un círculo toda referencia a las **mujeres**, incluyendo sus pronombres.*
• *subraye toda referencia a los **maridos**, incluyendo sus pronombres y sinónimos.*

ACLARACIÓN

El verbo griego traducido como *someterse*, en el verso 21, es *jupotásso*, que significa "colocar debajo de" o "acomodar debajo de". Está en tiempo presente, lo que significa que esta acción debe ser continua, tal como un estilo de vida.

DISCUTE

• ¿Qué aprendiste en estos versículos sobre el papel de la mujer en el matrimonio? De acuerdo con los versículos 22 y 33, ¿cuáles son las dos cosas que se le mandan a la mujer?

• De acuerdo con el versículo 22, ¿el sometimiento al marido es obediencia a quién?

• Según lo que has observado en este pasaje, ¿debería el hombre forzar a su esposa a someterse? Explica tu respuesta.

• Teniendo en cuenta el contexto de este pasaje, discute lo que Pablo quería dar a entender con las instrucciones dirigidas a las esposas. Además, ten en mente lo que

[21] Sométanse unos a otros en el temor (la reverencia) de Cristo.

[22] Las mujeres estén sometidas a sus propios maridos como al Señor.

[23] Porque el marido es cabeza de la mujer, así como Cristo es cabeza de la iglesia, siendo El mismo el Salvador del cuerpo.

[33] En todo caso, cada uno de ustedes ame también a su mujer como a sí mismo, y que la mujer respete a su marido.

aprendiste la semana pasada sobre el papel del hombre. ¿Acaso Pablo le está diciendo a la mujer, que se someta al maltrato? ¿La esposa tiene que ser un tapete para pisotear, o un saco de arena para golpear? ¿Debe mentir, robar, engañar o cometer adulterio si su esposo se lo pide?

• ¿Cuáles son los límites, si los hay, en la sumisión bíblica de la esposa hacia el esposo?

Colosenses 3:18

Mujeres, estén sujetas a sus maridos, como conviene en el Señor.

OBSERVA

Observemos otras declaraciones de Pablo con respecto a la relación matrimonial, a fin de ver si nos ayudan a entender a qué se asemeja la sumisión bíblica.

Líder: Lee Colosenses 3:18.
• *Pide al grupo que encierre en un círculo* ***mujeres***.

DISCUTE

• ¿Cómo se compara esto con lo que acabas de leer en Efesios 5:22-23?

OBSERVA

Líder: Lee en voz alta 1 Corintios 11:3.

• *Pide al grupo que encierre en un círculo* **mujer** *y que subraye* **hombre** *como lo hicieron antes.*

DISCUTE

• Una vez más, dibuja un diagrama sencillo que ilustre los papeles de liderazgo y sumisión descritos en este pasaje.

---

1 Corintios 11:3

Pero quiero que sepan que la cabeza de todo hombre es Cristo, y la cabeza de la mujer es el hombre, y la cabeza de Cristo es Dios.

• ¿Cuál es la relación de Cristo con Dios el Padre?

• Juan 10:30 registra a Jesús diciendo: "Yo y el Padre somos uno". A la luz de este y otros pasajes de la Escritura, ¿Acaso 1 Corintios muestra que Cristo es de alguna manera menos importante que (o inferior a) el Padre?

• Entonces, ¿qué te muestra este pasaje acerca del papel de la mujer dentro de la relación matrimonial?

Tito 2:3-5

³ Asimismo, las ancianas deben ser reverentes en su conducta, no calumniadoras ni esclavas de mucho vino. Que enseñen lo bueno,

⁴ para que puedan instruir a las jóvenes a que amen a sus maridos, a que amen a sus hijos,

⁵ a que sean prudentes, puras, hacendosas en el hogar, amables, sujetas a sus maridos, para que la palabra de Dios no sea blasfemada.

OBSERVA

Líder: Lee en voz alta Tito 2:3-5.

- *Pide al grupo que encierre toda referencia a la **mujer**, incluyendo sus pronombres.*

DISCUTE

- ¿Qué conducta espera Dios de la mujer casada?

- ¿Cuáles son sus responsabilidades?

Proverbios 31:10-31

¹⁰ Mujer hacendosa, ¿quién la hallará? Su valor supera en mucho al de las joyas.

¹¹ En ella confía el corazón de su marido, y no carecerá de ganancias.

OBSERVA

Líder: Lee Proverbios 31:10-31 en voz alta.

- *Pide al grupo que encierre toda referencia a **la mujer hacendosa**, incluyendo sus pronombres.*

DISCUTE

- Discute lo que aprendiste en relación al papel de la mujer en este pasaje.

[12] Ella le trae bien y no mal todos los días de su vida.

[13] Busca lana y lino, y con agrado trabaja con sus manos.

[14] Es como las naves de mercader, trae su alimento de lejos.

[15] También se levanta cuando aún es de noche, y da alimento a los de su casa y tarea a sus doncellas.

[16] Evalúa un campo y lo compra; Con sus ganancias planta una viña.

[17] Ella se ciñe de fuerza y fortalece sus brazos.

[18] Nota que su ganancia es buena, no se apaga de noche su lámpara.

¹⁹ Extiende sus manos
a la rueca, y sus manos
toman el huso.

²⁰ Extiende su mano
al pobre, y alarga sus
manos al necesitado.

²¹ No tiene temor de
la nieve por los de su
casa, porque todos los
de su casa llevan ropa
escarlata.

²² Se hace mantos para
sí; Su ropa es de lino
fino y de púrpura.

²³ Su marido es
conocido en las puertas
de la ciudad, cuando se
sienta con los ancianos
de la tierra.

²⁴ Hace telas de lino
y las vende, y provee
cinturones a los
mercaderes.

²⁵ Fuerza y dignidad son
su vestidura, y sonríe al
futuro.

• ¿Cómo se pueden mostrar hoy en día las cualidades y actividades atribuidas a la "mujer hacendosa" de Proverbios 31?

[26] Abre su boca con sabiduría, y hay enseñanza de bondad en su lengua.

[27] Ella vigila la marcha de su casa, y no come el pan de la ociosidad.

[28] Sus hijos se levantan y la llaman bienaventurada, También su marido, y la alaba diciendo:

[29] "Muchas mujeres han obrado con nobleza, Pero tú las superas a todas."

[30] Engañosa es la gracia y vana la belleza, pero la mujer que teme al Señor, ésa será alabada.

[31] Denle el fruto de sus manos, y que sus obras la alaben en las puertas de la ciudad.

FINALIZANDO

La mujer fue creada por Dios, fue hecha a Su imagen, sin embargo, distintivamente hembra. La mujer fue creada del hombre y para el hombre; con un papel definido y altamente apreciado por Dios. La mujer debe ser el *complemento* del hombre, no su *competidora*. La mujer no sólo es diferente físicamente del hombre, sino también emocionalmente. Por esta y otras razones, Dios les ha dado a las esposas un papel diferente al de sus esposos, pero igualmente importante.

Si queremos edificar matrimonios que realmente funcionen, necesitamos aceptar la verdad de nuestras diferencias de género y todo lo que implican. Si tan sólo nos sometiéramos al diseño y orden dado por Dios para el matrimonio, miles de hogares experimentarían tremendos y poderosos cambios. Si quieres tener el mejor matrimonio posible, debes honrar y vivir de acuerdo al plan de Dios. Si luchas contra esto, estarás luchando con Dios; las consecuencias de esa rebelión son constante insatisfacción, discordias y eventualmente el desastre.

Qué gran privilegio tienen las mujeres de reflejar al mundo el carácter y obra de Jesucristo, a través de su papel como esposas. A propósito esposas, ¿qué podrían hacer esta semana para expresar respeto a su esposo y para cumplir más efectivamente su papel como complemento de él?

La comunicación se encuentra encabezando la lista de preocupaciones de casi todos los matrimonios en nuestros días. Se han escrito incontables libros sobre este tema y es frecuentemente el enfoque de ciertos programas de televisión. Y a pesar de los consejos "expertos" sobre las técnicas de comunicación, los hogares se están desintegrando debido a los problemas de comunicación.

Esta semana observaremos los pensamientos, instrucciones y mandamientos de Dios respecto a cómo debemos comunicarnos unos con otros.

Mientras trabajas en esta lección, pídele a Dios que te muestre el efecto de tus palabras en otras personas, especialmente en tu cónyuge e hijos. Pídele que te muestre tus fortalezas y que te ayude a descubrir cómo mejorar cualquier área de debilidad o fracaso en tus formas de comunicación.

OBSERVA

Comencemos nuestro estudio de esta semana observando un pasaje de la Escritura que trata con un miembro de nuestro cuerpo que es difícil de domar a pesar de su pequeño tamaño. Santiago 3 se enfoca en la lengua, en cómo hablamos entre nosotros. El autor comienza el versículo 2 con una simple pero profunda declaración, "porque todos tropezamos de muchas maneras". Si tan sólo pudiéramos tener siempre presente esto en nuestros matrimonios; todos tropezamos—cada uno de nosotros—sin embargo, Dios nos exhorta a la perfección.

Santiago 3:1-8

¹ Hermanos míos, que no se hagan maestros muchos de ustedes, sabiendo que recibiremos un juicio más severo.

² Porque todos fallamos de muchas maneras. Si alguien no falla en lo que dice, es un hombre perfecto, capaz también de refrenar todo el cuerpo.

³ Ahora bien, si ponemos el freno en la boca de los caballos para que nos obedezcan, dirigimos también todo su cuerpo.

⁴ Miren también las naves; aunque son tan grandes e impulsadas por fuertes vientos, son, sin embargo, dirigidas mediante un timón muy pequeño por donde

Líder: *Lee en voz alta Santiago 3:1-8.*

• *Pide al grupo que dibuje una línea ondulada como ésta* ﹏ *debajo de cada referencia a la* **lengua**, *incluyendo todos los pronombres y sinónimos tales como* **lo que dice**.

DISCUTE

• ¿Qué aprendiste al marcar las referencias a la lengua y lo que dice?

• ¿Qué aprendiste del versículo 2 acerca de la persona que refrena su lengua?

• Discute las dos ilustraciones que usa Santiago en los versículos 4-6 para señalar el poderoso efecto que tiene la lengua a pesar de su pequeño tamaño.

- Describe una ocasión en que algún conocido tuyo fue afectado por las palabras de otra persona, sea negativa o positivamente.

- ¿Qué te muestra este pasaje acerca de cómo deberías hablarle a tu cónyuge? ¿Qué tan importantes son para tu matrimonio las palabras que dices?

- Hay una canción infantil que dice "palos y piedras pueden romper mis huesos, pero las palabras nunca me lastimarán". De acuerdo a lo versículos estudiados, ¿es esto cierto?

la voluntad del piloto quiere.

5 Así también la lengua es un miembro pequeño, y sin embargo, se jacta de grandes cosas. ¡Pues qué gran bosque se incendia con tan pequeño fuego!

6 También la lengua es un fuego, un mundo de iniquidad. La lengua está puesta entre nuestros miembros, la cual contamina todo el cuerpo, es encendida por el infierno e inflama el curso de nuestra vida.

7 Porque toda clase de fieras y de aves, de reptiles y de animales marinos, se puede domar y ha sido domado por el ser humano,

8 pero ningún hombre puede domar la lengua. Es un mal turbulento y lleno de veneno mortal.

Santiago 3:9-12

⁹ Con ella bendecimos a nuestro Señor y Padre, y con ella maldecimos a los hombres, que han sido hechos a la imagen de Dios.

¹⁰ De la misma boca proceden bendición y maldición. Hermanos míos, esto no debe ser así.

¹¹ ¿Acaso una fuente echa agua dulce y amarga por la misma abertura?

¹² ¿Acaso, hermanos míos, puede una higuera producir aceitunas, o una vid higos? Tampoco la fuente de agua salada puede producir agua dulce.

OBSERVA

Líder: Lee en voz alta Santiago 3:9-12.

• *Otra vez pide al grupo que dibuje una línea ondulada debajo de cada referencia a **la lengua** o **la boca**, incluyendo el pronombre **ella**.*

DISCUTE

• ¿Qué contrastes se dan en los versículos 9 y 10 respecto a la lengua y a la boca?

• ¿Cuál es el problema de la lengua, que se demuestra en las dos ilustraciones de los versículos 11 y 12?

• De acuerdo a este pasaje, las palabras inapropiadas, ¿qué revelan acerca de la condición del corazón?

OBSERVA

Jesús dijo que el hombre habla de la abundancia de su corazón. Tal vez has escuchado decir que "lo que hay en el fondo de un pozo, es lo que sube en el cubo". ¿Qué hay en el fondo de tu pozo—agua dulce que refresca o agua amarga que trae enfermedad y destrucción? La respuesta está dentro de nuestros corazones.

Líder: Lee en voz alta Mateo 12:33-37.

Pide al grupo que...

- *dibuje una línea ondulada debajo de cada referencia a* **hablar, la boca y palabras**.
- *marque la palabra* **corazón** *de esta manera:* ♡

DISCUTE

- ¿Qué aprendes al marcar las palabras clave en este pasaje?

- ¿Cómo se relacionan las palabras de Jesús con lo que leíste en Santiago 3?

- ¿Qué influye en la manera en que hablamos?

Mateo 12:33-37

33 "O hagan ustedes bueno el árbol y bueno su fruto, o hagan malo el árbol y malo su fruto; porque por el fruto se conoce el árbol.

34 ¡Camada de víboras! ¿Cómo pueden hablar cosas buenas siendo malos? Porque de la abundancia del corazón habla la boca.

35 El hombre bueno de su buen tesoro saca cosas buenas; y el hombre malo de su mal tesoro saca cosas malas.

36 Pero Yo les digo que de toda palabra vana que hablen los hombres, darán cuenta de ella en el día del juicio.

37 Porque por tus palabras serás justificado, y por tus palabras serás condenado."

- ¿Qué clase de poder tienen nuestras palabras? Explica tu respuesta a fondo; no pases por alto los versículos 36-37.

- Basándote solamente en lo que acabas de leer, ¿cuál es la clave para comunicarnos de una forma que honre a Dios y ministre a nuestros cónyuges? ¿Cómo se puede lograr esto en nuestras vidas?

Santiago 1:26

Si alguien se cree religioso, pero no refrena su lengua, sino que engaña a su propio corazón, la religión del tal es vana.

OBSERVA

Líder: Lee en voz alta Santiago 1:26.
Pide al grupo que...
- *marque la palabra **lengua**, igual que antes, con una línea ondulada.*
- *dibuje un corazón sobre la palabra **corazón**.*

DISCUTE

- ¿Cuál es la relación entre la lengua de alguien y su "religión", su profesión de fe?

- ¿Qué muestra tu lengua acerca de tu religión?

OBSERVA

Líder: *Lee en voz alta los pasajes impresos para ti en esta página y la siguiente—hasta Proverbios 18:21. Pide al grupo que...*

- *dibuje una línea ondulada debajo de cada referencia a **la boca** y de palabras que hagan referencia a **labios y palabras**.*
- *marque la palabra **corazón** con un corazón.*

DISCUTE

- Lee cada pasaje y discute todo lo que aprendiste. Da algunos ejemplos prácticos de cómo se podrían aplicar estos principios en tu relación matrimonial.

- ¿Qué versículo podría usar tu cónyuge para describir tu forma de comunicación habitual?

Job 16:5

Les podría alentar con mi boca, y el consuelo de mis labios podría aliviar su dolor.

Proverbios 4:24

Aparta de ti la boca perversa y aleja de ti los labios falsos.

Proverbios 11:11

Por la bendición de los rectos, se enaltece la ciudad, pero por la boca de los impíos, es derribada.

Proverbios 16:21, 23-24

21 El sabio de corazón será llamado prudente, y la dulzura de palabras aumenta la persuasión.

[23] El corazón del sabio enseña a su boca y añade persuasión a sus labios.

[24] Panal de miel son las palabras agradables, dulces al alma y salud para los huesos.

Proverbios 17:27-28

[27] El que retiene sus palabras tiene conocimiento, y el de espíritu sereno es hombre entendido.

[28] Aun el necio, cuando calla, es tenido por sabio, cuando cierra los labios, por prudente.

Proverbios 18:21

Muerte y vida están en poder de la lengua, y los que la aman comerán su fruto.

ACLARACIÓN

¿Recuerdas la gran cantidad de tiempo que hablaban cuando eran novios? Esperabas con ansias a que sonara el teléfono para poder escuchar esas palabras de aliento y piropos; que eran dulces como la miel para tus oídos.

¿Cómo se compara esto con las actuales discusiones con tu cónyuge? ¿Tus conversaciones por teléfono son breves, concisas y al punto? ¿Ocupan sus tardes frente al televisor o la computadora en lugar de tener una conversación larga y estimulante? De ser así, tal vez te preguntes si alguna vez volverán las conversaciones amorosas del inicio de tu relación. ¡Sí pueden volver!, pero esto requiere de trabajo y de un esfuerzo consciente. La comunicación saludable y significativa no se consigue de un día para otro, pero es posible.

OBSERVA

Toda relación matrimonial incluirá puntos de acuerdo y desacuerdo. Discutir sus diferencias al mismo tiempo que se practica la comunicación saludable es un buen arte, especialmente cuando ese pequeño miembro de nuestro cuerpo—la lengua—es tan fácilmente "encendida por el infierno" (Santiago 3:6). En Su Palabra, Dios ha establecido principios para manejar los desacuerdos sin causar daño a una relación.

Líder: Lee en voz alta los pasajes impresos en ésta y en las siguientes páginas—hasta Santiago 1:19-20. Pide al grupo que marque:
- *toda referencia al **habla** tales como: **palabra**, **la boca** y otros sinónimos, con una línea ondulada.*
- *toda referencia a la palabra **corazón** con un corazón.*
- *toda referencia a **ira** dibujando un rectángulo alrededor de ella.*

Proverbios 15:1
La suave respuesta aparta el furor, pero la palabra hiriente hace subir la ira.

Proverbios 15:28
El corazón del justo medita cómo responder, pero la boca de los impíos habla lo malo.

Proverbios 18:13
El que responde antes de escuchar, cosecha necedad y vergüenza.

Efesios 4:26
Enójense, pero no pequen; no se ponga el sol sobre su enojo,

Efesios 4:29-31
[29] No salga de la boca de ustedes ninguna palabra mala , sino sólo la que sea buena para

edificación, según la necesidad del momento, para que imparta gracia a los que escuchan.

[30] Y no entristezcan al Espíritu Santo de Dios, por el cual fueron sellados para el día de la redención.

[31] Sea quitada de ustedes toda amargura, enojo, ira, gritos, insultos, así como toda malicia.

Colosenses 4:6

Que su conversación sea siempre con gracia, sazonada como con sal, para que sepan cómo deben responder a cada persona.

DISCUTE

• Discute uno por uno los principios que Dios ha dado en estos pasajes, útiles para ayudarnos a comunicarnos apropiadamente con nuestra pareja (y con otros), aun cuando no estemos de acuerdo en algunos asuntos.

• ¿Cuál de estas instrucciones es la más difícil para ti? ¿Por qué?

Santiago 1:19-20

¹⁹ Esto lo saben, mis amados hermanos. Pero que cada uno sea pronto para oír, tardo para hablar, tardo para la ira;

²⁰ pues la ira del hombre no obra la justicia de Dios.

FINALIZANDO

Las palabras escogidas cuidadosamente pueden cambiar el rumbo de la vida de un niño, desarmar al acusador, calmar la tormenta, levantar al oprimido y dar esperanza al desesperado. ¡Sólo piensa en lo que sucedería en nuestros matrimonios si los esposos y las esposas simplemente consideraran sus palabras—antes de decirlas! La comunicación clara y saludable es un componente vital de la relación matrimonial que trae honra y gloria a Dios.

Pide al Señor que te haga consciente de cosas que hayas dicho a tu cónyuge, por las que necesites pedirle perdón. Pídele a Dios que te muestre cualquier problema dentro de tu corazón que necesite ser resuelto. Luego, trata a fondo con lo que Él te muestre. Si has humillado u ofendido con tus palabras, confiesa tu falta a Dios y a tu cónyuge e inmediatamente comienza a cambiar tu estilo de comunicación.

Esta semana busca la oportunidad para dedicarles un tiempo especial a tu cónyuge y a cada miembro de tu familia, pregúntales si has dicho algo que los haya lastimado. Si te dicen algo, no te defiendas. Simplemente reconoce que te equivocaste y pídeles perdón. Recuerda, ya sea que haya o no haya sido tu intención, ellos fueron heridos por tus palabras. No estés a la defensiva.

Recuerda, "muerte y vida están en poder de la lengua" (Proverbios 18:21). Tus palabras tienen el poder de dar vida a una relación o matarla. Elige ser un hombre o mujer que refrene su lengua, alguien en quien sea evidente su religión. Haz un esfuerzo consciente de edificar a la gente con tus palabras. ¡Pruébalo por una semana y observa lo que sucede!

Ningún otro término en nuestro vocabulario moderno ha sido tan usado, abusado, pervertido o malentendido, como la sencilla palabra de cuatro letras, amor. Podemos decir "amo el chocolate" con el mismo nivel de entusiasmo que usamos para decir "te amo".

Frecuentemente escuchamos de gente que decide divorciarse porque a uno, o a los dos cónyuges, se les ha "acabado el amor". ¿Qué sucedió? ¿Realmente puede desaparecer el amor? ¿Es el amor eterno un sueño imposible?

La respuesta depende del tipo de amor en el que se construyó tu relación. Necesitas entender el tipo de amor que nunca terminará. Es un asunto de obediencia más que de emoción. Si puedes aferrarte a esta verdad y vives a la luz de ella, podrás edificar un matrimonio que dure "hasta que la muerte los separe".

OBSERVA

Amor es una de las palabras más utilizadas en la Biblia. Para entender realmente el amor debemos empezar con Dios; no sólo porque Él es la fuente del amor, sino también porque Él es quien nos diseñó con la necesidad de dar y recibir amor.

Líder: Lee Juan 3:16 y 1 Juan 4:7-21 en voz alta. Pide al grupo que...

- *marque toda mención de **amor** con un corazón:* ♡
- *marque toda referencia a **Dios** con un triángulo, incluyendo sus pronombres.* △

Juan 3:16

"Porque de tal manera amó Dios al mundo, que dio a Su Hijo unigénito (único), para que todo aquél que cree en El, no se pierda, sino que tenga vida eterna.

1 Juan 4:7-21

⁷ Amados, amémonos unos a otros, porque el amor es de Dios, y todo

el que ama es nacido de Dios y conoce a Dios.

[8] El que no ama no conoce a Dios, porque Dios es amor.

[9] En esto se manifestó el amor de Dios en nosotros: en que Dios ha enviado a Su Hijo unigénito al mundo para que vivamos por medio de El.

[10] En esto consiste el amor: no en que nosotros hayamos amado a Dios, sino en que El nos amó a nosotros y envió a Su Hijo como propiciación por nuestros pecados.

[11] Amados, si Dios así nos amó, también nosotros debemos amarnos unos a otros.

[12] A Dios nunca Lo ha visto nadie. Si nos

ACLARACIÓN

Cuatro palabras griegas son usadas para "amor". Una vez que entendamos sus significados, nos será más fácil comprender el por qué algunas personas hablan de que "el amor se acaba".

Storge se refiere al afecto u obligación natural. Está basado en la naturaleza misma. *Storge* es el afecto natural que brota dentro de ti por tu cónyuge, tu hijo o incluso tu perro. Ya que está basado en la naturaleza humana, este tipo de amor va y viene. En el Nuevo Testamento sólo es usado de forma negativa, *astorge*.

Eros indica la pasión que apresa y domina la mente. Es un amor erótico. Este tipo de amor caracteriza nuestra cultura. Es un amor egoísta que busca principalmente qué puede recibir. Cuando da, lo hace para recibir. *Eros* es un amor condicional. Esta palabra griega no se encuentra en la Biblia.

Filéo se describe frecuentemente como un amor fraternal. Es el amor de tierno compañerismo, un sentido de alegría en presencia de otro. Difiere de eros en que

ACLARACIÓN

desea dar tanto como recibir. *Filéo* responde a las acciones de bondad, ternura o aprecio. Se preocupa por la felicidad del otro así como por la propia.

Agápe es el amor que toma la iniciativa en la relación, independientemente de la respuesta que pueda recibir. Juan utiliza este término para describir el amor de Dios por un mundo que no lo conoce (verso 10). En el Nuevo Testamento, *ágape* se relaciona con la dadivosidad, sobre todo por el amor incondicional del Padre expresado cuando dio a Su Hijo como sacrificio por el pecado. Cuando la Biblia dice "Dios es amor", está diciendo que Él es este tipo de amor. El amor de Dios da y da y da; incluso cuando ese amor no es correspondido. La iglesia primitiva usó esta palabra para describir el tipo de amor que debería distinguir del mundo a los creyentes. Si así nos amó Dios, nosotros también debemos amarnos unos a otros de la misma manera.

amamos unos a otros, Dios permanece en nosotros y Su amor se perfecciona en nosotros.

13 En esto sabemos que permanecemos en El y El en nosotros: en que nos ha dado de Su Espíritu.

14 Y nosotros hemos visto y damos testimonio de que el Padre envió al Hijo para ser el Salvador del mundo.

15 Todo aquél que confiesa que Jesús es el Hijo de Dios, Dios permanece en él y él en Dios.

16 Y nosotros hemos llegado a conocer y hemos creído el amor que Dios tiene para nosotros. Dios es amor, y el que permanece en amor permanece en Dios y Dios permanece en él.

[17] En esto se perfecciona el amor en nosotros, para que tengamos confianza en el día del juicio, pues como El es, así somos también nosotros en este mundo.

[18] En el amor no hay temor, sino que el perfecto amor echa fuera el temor, porque el temor involucra castigo, y el que teme no es hecho perfecto en el amor.

[19] Nosotros amamos porque El nos amó primero.

[20] Si alguien dice: "Yo amo a Dios," pero aborrece a su hermano, es un mentiroso. Porque el que no ama a su hermano, a quien ha visto, no puede amar a Dios a quien no ha visto.

DISCUTE

El amor del que se habla en estos pasajes es *agápe* (descrito en el cuadro de Aclaración). Ten esto en mente al contestar las siguientes preguntas:

- De acuerdo a estos pasajes, ¿dónde se origina el amor?

- ¿Este tipo de amor es pasivo o activo? Explica tu respuesta.

- Discute lo que aprendiste acerca del amor en estos pasajes.

- Observa de nuevo el cuadro de Aclaración. ¿Qué tipo de amor se supone que deben demostrar los seguidores de Cristo?

- Discute cómo se aplicaría a tu relación matrimonial lo que acabas de aprender sobre el amor. Por ejemplo, ¿qué si tu esposo o esposa ya no tiene la apariencia que tenía cuando empezaron a salir? ¿Qué si tu pareja no te habla de la manera que lo hacía cuando eran novios?

• ¿Por qué piensas que no somos llamados a amar con amor storge o eros? ¿Está Dios en contra de esto? Explica tu respuesta.

OBSERVA

Líder: Lee en voz alta Juan 13:34; Efesios 5:25 y Romanos 13:8-10.

• *Pide al grupo que marque toda referencia a **amor**, con un corazón.*

DISCUTE

• Una vez más, la palabra Griega que se usa para amor, en estos versículos, es *agápe*. Discute lo que aprendiste sobre el amor en estos pasajes.

• ¿Cuál es el ejemplo más puro de este tipo de amor?

21 Y este mandamiento tenemos de El: que el que ama a Dios, ame también a su hermano.

Juan 13:34

(Jesús está hablando)

Un mandamiento nuevo les doy: 'que se amen los unos a los otros;' que como Yo los he amado, así también se amen los unos a los otros.

Efesios 5:25

Maridos, amen a sus mujeres, así como Cristo amó a la iglesia y se dio El mismo por ella.

Romanos 13:8-10

8 No deban a nadie nada, sino el amarse unos a otros. Porque el que ama a su prójimo, ha cumplido la ley.

⁹ Porque esto: "No cometerás adulterio, no matarás, no hurtarás, no codiciarás," y cualquier otro mandamiento, en estas palabras se resume: "Amarás a tu prójimo como a ti mismo."

¹⁰ El amor no hace mal al prójimo. Por tanto, el amor es el cumplimiento de la ley.

1 Corintios 13:4-8,13

⁴ El amor es paciente, es bondadoso. El amor no tiene envidia; el amor no es jactancioso, no es arrogante.

⁵ No se porta indecorosamente; no busca lo suyo, no se

• No hay ninguna instrucción para que las esposas amen a sus esposos. ¿Significa esto que las esposas están exentas de amar a sus esposos? Explica tu respuesta.

OBSERVA

Para poder entender mejor la forma en que opera este amor—agápe—en un nivel más profundo, observemos una porción del conocido "capítulo del amor".

Líder: Lee 1 Corintios 13:4-8, 13 en voz alta.

• *Una vez más, pide al grupo que marque toda referencia a **amor** con un corazón, incluyendo sus pronombres.*

DISCUTE

- Discute las características del amor descrito en este pasaje e ilustra cómo se relaciona con la relación matrimonial.

- ¿Cuáles son algunas formas prácticas para mostrar amor a tu cónyuge?

- Si los esposos y esposas cristianas comenzaran a amarse de la manera descrita en 1 Corintios 13, ¿qué impacto tendría en las familias, iglesias, comunidades y en nuestra nación?

- ¿Se puede demostrar este tipo de amor estando apartado de Dios? Entonces, ¿quiénes pueden amar de esta forma? Explica tu respuesta.

- A la luz de todo lo que has aprendido en esta semana, cuando alguien dice que se le ha "acabado el amor", ¿a qué se está refiriendo realmente? ¿A dónde se fue su amor? Explica tu respuesta.

irrita, no toma en cuenta el mal recibido.

[6] El amor no se regocija de la injusticia, sino que se alegra con la verdad.

[7] Todo lo sufre, todo lo cree, todo lo espera, todo lo soporta.

[8] El amor nunca deja de ser. Pero si hay dones de profecía, se acabarán; si hay lenguas, cesarán; si hay conocimiento, se acabará.

[13] Y ahora permanecen la fe, la esperanza, el amor: estos tres; pero el mayor de ellos es el amor.

FINALIZANDO

En el estudio de esta semana hemos visto que el amor de Dios es un amor que toma la iniciativa, que actúa. Para Dios hubiera sido imposible decir "los amo" y negarnos a Jesús. El verdadero amor debe ser expresado. Nosotros amamos porque Él nos amó primero y lo expresó de una forma desinteresada y sacrificial. Dios espera que sus seguidores demuestren un amor que refleje el suyo.

Si Dios pensó que el amor *agápe* debía ser mostrado al mundo por los creyentes, Él también tenía en mente que se exprese este mismo amor en la relación matrimonial. Ahora que has descubierto la norma de Dios respecto a este tema, evalúa tu amor por tu cónyuge. ¿Tu relación está basada en el amor *agápe*—o en el amor *eros* o *storge*? ¿Tus expresiones de amor son desinteresadas, sacrificiales? Si no, ¿deseas hacer los cambios necesarios para amar a tu cónyuge de acuerdo a la norma de Dios? Y si tu cónyuge no responde a este amor, ¿puedes dejar de amarlo(a)? ¿Es esto todavía posible?

Recuerda, la expresión del *agápe* es siempre una elección; su origen es la obediencia no los sentimientos. Cuando tus emociones apunten a la ira y frustración, cuando la pasión se desvanezca, cuando tu amor no sea correspondido, ¿cómo responderás? ¿Elegirás amar tal como Dios lo ordena?

Los consejeros matrimoniales señalan con frecuencia, que el área de las finanzas es una de las causas más comunes que producen conflictos matrimoniales. Cuando una pareja no se puede poner de acuerdo en cuanto al manejo del dinero, esos desacuerdos invadirán otras áreas de su relación. Las presiones causadas por las dificultades económicas pueden terminar incluso con un buen matrimonio. Muchos de esos problemas podrían evitarse totalmente conociendo y siguiendo las instrucciones de Dios con respecto a las finanzas. Esta semana observaremos algunos principios que nos guardarán de los problemas financieros o nos ayudarán a encontrar la salida de ellos.

OBSERVA

Una actitud y perspectiva correcta respecto a las finanzas depende de tu conocimiento y descanso en las promesas de Dios, referentes a tus necesidades. Veamos qué tiene que decir Jesús al respecto.

Líder: Lee Mateo 6:19-21, 24-25, 31-33 en voz alta. Pide al grupo que...

- *dibuje un cuadro alrededor de toda referencia a **tesoro** o **riquezas**, incluyendo sus sinónimos.*
- *subraye cada **instrucción** que da Jesús a sus oyentes.*

Mateo 6:19-21, 24-25, 31-33

19 "No acumulen para sí tesoros en la tierra, donde la polilla y la herrumbre destruyen, y donde ladrones penetran y roban;

20 sino acumulen tesoros en el cielo, donde ni la polilla ni la herrumbre destruyen, y donde ladrones no penetran ni roban;

²¹ porque donde esté tu tesoro, allí estará también tu corazón.

²⁴ "Nadie puede servir a dos señores; porque o aborrecerá a uno y amará al otro, o apreciará a uno y despreciará al otro. Ustedes no pueden servir a Dios y a las riquezas.

²⁵ "Por eso les digo, no se preocupen por su vida, qué comerán o qué beberán; ni por su cuerpo, qué vestirán. ¿No es la vida más que el alimento y el cuerpo más que la ropa?

³¹ "Por tanto, no se preocupen, diciendo: '¿Qué comeremos?' o '¿qué beberemos?'

DISCUTE

• Cuando marcaste las referencias a tesoro y riquezas, en este pasaje, ¿qué aprendiste acerca de las finanzas?

• Discute cada uno de los mandamientos de Dios y cómo se aplican a nosotros hoy en día. ¿Cuál es la confianza que se nos brinda para obedecerlos?

• ¿Qué dice Jesús que no podemos hacer? ¿Por qué?

• ¿Cuál es la promesa del Padre para sus hijos?

• En caso de haberla, ¿qué condición se requiere para esta promesa?

- ¿Dónde estás acumulando tesoros, en la tierra o en el cielo? ¿Qué manifiesta tu respuesta acerca de la perspectiva que tienes de Dios?

- En caso de haberlas, ¿Qué acciones debes realizar?

OBSERVA

Jesús insta a sus seguidores a resistir los deseos carnales de acumular cosas y a confiar en que Dios suplirá sus necesidades. Observemos algunos otros pasajes que describen a dónde debemos recurrir para suplir nuestra necesidad.

Líder: Lee en voz alta Filipenses 4:6-7, 11-12, 19; 1 Pedro 5:6-7; y Salmo 37:25.
Pide al grupo que...
- *subraye las **instrucciones** de cada pasaje.*
- *marque toda referencia a **Dios** y sus pronombres con un triángulo:* △

o '¿con qué nos vestiremos?'

32 Porque los Gentiles buscan ansiosamente todas estas cosas; que el Padre celestial sabe que ustedes necesitan todas estas cosas.

33 Pero busquen primero Su reino y Su justicia, y todas estas cosas les serán añadidas.

Filipenses 4:6-7, 11-12, 19

6 Por nada estén afanosos; antes bien, en todo, mediante oración y súplica con acción de gracias, sean dadas a conocer sus peticiones delante de Dios.

7 Y la paz de Dios, que sobrepasa todo entendimiento, guardará

sus corazones y sus mentes en Cristo Jesús.

¹¹ No que hable porque tenga escasez, pues he aprendido a contentarme cualquiera que sea mi situación.

¹² Sé vivir en pobreza, y sé vivir en prosperidad. En todo y por todo he aprendido el secreto tanto de estar saciado como de tener hambre, de tener abundancia como de sufrir necesidad.

¹⁹ Y mi Dios proveerá a todas sus necesidades, conforme a sus riquezas en gloria en Cristo Jesús.

1 Pedro 5:6-7

⁶ Humíllense, pues, bajo la poderosa mano de Dios, para que El los exalte a su debido tiempo,

DISCUTE

• Todos tenemos necesidades materiales básicas. ¿Cómo deben enfrentarse esas necesidades?

• ¿Le importan a Dios nuestras necesidades? Explica tu respuesta basándote en todo lo que has leído hasta ahora.

• ¿Qué instrucciones se nos dan en estos pasajes? ¿Cómo se relaciona con tus finanzas?

- ¿Cómo puede la abundancia material o la falta de ella, provocar descontento o tensión en el matrimonio? ¿Qué verdades has descubierto en estos pasajes, que te ayuden a evitar o resolver cualquier desacuerdo en esta área?

OBSERVA

El libro de Proverbios es una fuente profunda de sabiduría en muchos temas, incluyendo las finanzas y el dar.

Líder: Lee en voz alta Proverbios 3:9-10; 22:1-2, 7; 23:4-5; 28:27. Pide al grupo que...

- *dibuje un cuadro alrededor de toda referencia a **riquezas**, incluyendo pronombres y sinónimos.*
- *dibuje una línea ondulada como esta: ⁓⁓⁓ debajo de la palabra **pobre**.*

[7] echando toda su ansiedad sobre El, porque El tiene cuidado de ustedes.

Salmos 37:25

Yo fui joven, y ya soy viejo, y no he visto al justo desamparado, ni a su descendencia mendigando pan.

Proverbios 3:9-10

[9] Honra al SEÑOR con tus bienes y con las primicias de todos tus frutos;

[10] Entonces tus graneros se llenarán con abundancia y tus lagares rebosarán de vino nuevo.

Proverbios 22:1-2, 7

[1] Más vale el buen nombre que las muchas riquezas, y el favor que la plata y el oro.

[2] El rico y el pobre tienen un lazo común: A ambos los hizo el Señor.

[7] El rico domina a los pobres, Y el deudor es esclavo del acreedor.

Proverbios 23:4-5

[4] No te fatigues en adquirir riquezas, Deja de pensar en ellas.

[5] Cuando pones tus ojos en ella, ya no está. Porque la riqueza ciertamente se hace alas como águila que vuela hacia los cielos.

Proverbios 28:27

El que da al pobre no pasará necesidad, pero el que cierra sus ojos tendrá muchas maldiciones.

DISCUTE

• Discute lo que aprendiste sobre tus finanzas, al marcar las referencias a riqueza.

• ¿Cuál debería ser tu actitud hacia el adquirir riquezas? ¿Por qué?

• ¿Cuál es tu responsabilidad hacia el pobre?

• ¿Qué principios debes seguir respecto a pedir o dar un préstamo?

• ¿Tu manejo del dinero refleja la sabiduría dada en estos pasajes? ¿Estás honrando a Dios con tu riqueza? ¿Cuál ha sido tu actitud hacia las finanzas hasta hoy? ¿qué cambiarías como resultado de lo que has leído hoy?

OBSERVA

Nuestra sociedad da demasiada importancia a vivir bien, a obtener todo lo que puedas, conseguir más y llegar a ser rico. Observemos cómo se compara la visión de éxito, del mundo, con la Palabra de Dios.

Líder: Lee en voz alta 1 Timoteo 6:8-10, 17-19. Pide al grupo que...

- *dibuje un cuadro alrededor de cada referencia a **dinero**, incluyendo sus pronombres y sinónimos.*
- *subraye toda **instrucción** dada en este pasaje.*

DISCUTE

- ¿Qué demuestran estos versículos, acerca de la perspectiva de Dios sobre el dinero y la búsqueda de riquezas?

- ¿Qué aprendiste al marcar las instrucciones dadas en este pasaje?

1 Timoteo 6:8-10, 17-19

⁸ Y si tenemos qué comer y con qué cubrirnos, con eso estaremos contentos.

⁹ Pero los que quieren enriquecerse caen en tentación y lazo y en muchos deseos necios y dañosos que hunden a los hombres en la ruina y en la perdición.

¹⁰ Porque la raíz de todos los males es el amor al dinero, por el cual, codiciándolo algunos, se extraviaron de la fe y se torturaron con muchos dolores.

¹⁷ A los ricos en este mundo, enséñales que no sean altaneros ni pongan su esperanza en la incertidumbre de las riquezas, sino en Dios, el cual nos da

abundantemente todas las cosas para que las disfrutemos.

¹⁸ Enséñales que hagan bien, que sean ricos en buenas obras, generosos y prontos a compartir,

¹⁹ acumulando para sí el tesoro de un buen fundamento para el futuro, para que puedan echar mano de lo que en verdad es vida.

Eclesiastés 5:10-20

¹⁰ El que ama el dinero no se saciará de dinero, y el que ama la abundancia no se saciará de ganancias. También esto es vanidad.

11 Cuando aumentan los bienes, aumentan también los que los consumen. Así, pues,

• ¿Qué dice el autor de este pasaje sobre aquellos que quieren enriquecerse? ¿Cómo se contrasta esto con lo que dice acerca de los que ya son ricos?

• ¿De qué formas se compara o se contrasta la "sabiduría" financiera del mundo con la perspectiva de riqueza que se ofrece en estos versículos?

OBSERVA

Aunque la preocupación por las riquezas y posesiones materiales puede parecer un problema moderno, el antiguo libro de Eclesiastés, escrito por Salomón— el hombre más sabio que ha vivido y también uno de los más ricos—revela que la humanidad siempre ha batallado con esta área.

Líder: *Lee Eclesiastés 5:10-20 en voz alta.*

- *Pide al grupo que dibuje un cuadro alrededor de toda referencia a **dinero** y **riquezas**, incluyendo sus sinónimos y pronombres.*

DISCUTE

- En el versículo 10, el Rey Salomón hizo una declaración notable acerca de la gente y el dinero. ¿Qué dijo?

- ¿Alguna vez has dicho que estarías satisfecho con cierto nivel de ingreso, sólo para darte cuenta que cuando lo has alcanzado deseas aún más?

- ¿Cuál es la diferencia entre el hombre trabajador y el hombre rico, mencionada en el versículo 12?

¿cuál es la ventaja para sus dueños, sino verlos con sus ojos?

¹² Dulce es el sueño del trabajador, coma mucho o coma poco; Pero la hartura del rico no le permite dormir.

¹³ Hay un grave mal que he visto bajo el sol: Las riquezas guardadas por su dueño para su mal.

¹⁴ Cuando esas riquezas se pierden por un mal negocio, y él engendra un hijo, no queda nada para mantenerlo.

¹⁵ Como salió del vientre de su madre, desnudo, así volverá, yéndose tal como vino. Nada saca del fruto de su trabajo que pueda llevarse en la mano.

¹⁶ También esto es un grave mal: Que tal como vino, así se irá. Por tanto, ¿qué provecho tiene el que trabaja para el viento?

¹⁷ Además todos los días de su vida come en tinieblas, con mucha molestia, enfermedad y enojo.

¹⁸ Esto es lo que yo he visto que es bueno y conveniente: comer, beber y gozarse uno de todo el trabajo en que se afana bajo el sol en los contados días de la vida que Dios le ha dado; porque ésta es su recompensa.

¹⁹ Igualmente, a todo hombre a quien Dios ha dado riquezas y bienes, lo ha capacitado

- ¿Cuál es el "grave mal" descrito en los versículos 13-15? ¿Por qué es esto un problema? ¿Describen estos versículos tu "estrategia de inversión"?

- ¿Qué pasó con el dinero del hombre rico? ¿Qué verdad práctica ilustra esto en relación a la riqueza terrenal?

- ¿Has tú o alguien que tu conozcas perdido dinero en un mal negocio o en el mercado bursátil (inversiones)? Discute el caso.

- De acuerdo al versículo 15, ¿qué valor tiene la riqueza, para un hombre que llega al final de su vida?

- ¿Cuál es tu responsabilidad con relación al dinero de acuerdo a los versículos 18-20? ¿Cuál será el resultado de una actitud correcta hacia la riqueza y el trabajo?

- En lugar de buscar a Dios, ¿has andado tras los tesoros terrenales? De ser así, ¿qué vas a hacer al respecto?

también para comer de ellos, para recibir su recompensa y regocijarse en su trabajo: esto es don de Dios.

20 Pues él no se acordará mucho de los días de su vida, porque Dios lo mantiene ocupado con alegría en su corazón.

OBSERVA

Jesús dijo, "Pues dad al César lo que es del César, y a Dios lo que es de Dios" (Mateo 22:21). Este versículo ha sido citado frecuentemente para recalcar nuestra obligación de pagar impuestos. Sin embargo, a menudo pasamos por alto el aspecto de dar a Dios lo que merece.

Al mismo tiempo que finalizamos nuestro estudio, observaremos lo que Dios tiene que decir sobre la práctica del diezmo, dar una parte de nuestro ingreso al Señor.

Líder: Lee en voz alta Levítico 27:30-32.
- *Pide al grupo que dibuje un cuadro alrededor de cada mención al **diezmo** y a **la décima**.*

Levítico 27:30-32

30 Así pues, todo el diezmo de la tierra, de la semilla de la tierra o del fruto del árbol, es del Señor; es cosa consagrada al Señor.

31 Y si un hombre quiere redimir parte de su diezmo, le añadirá la quinta parte.

32 Todo diezmo del ganado o del rebaño, o sea, de todo lo que pasa

debajo del cayado, la décima cabeza será cosa consagrada al Señor.

DISCUTE

• ¿Qué principio aprendiste al marcar las palabras clave de este pasaje?

Malaquías 3:8-12

8 "¿Robará el hombre a Dios? Pues ustedes Me están robando. Pero dicen: '¿En qué Te hemos robado?' En los diezmos y en las ofrendas.

9 Con maldición están malditos, porque ustedes, la nación entera, Me están robando.

10 Traigan todo el diezmo al alfolí, para que haya alimento en Mi casa; y pónganme ahora a prueba en esto;" dice el Señor de los ejércitos "si no les

OBSERVA

Líder: Lee en voz alta Malaquías 3:8-12.
Pide al grupo que...
• *marque toda referencia a **Dios**, incluyendo **Mi**, **Me** y **Señor de los ejércitos**, con un triángulo.*
• *dibuje un cuadro alrededor de **diezmos** y **ofrendas**.*

DISCUTE

• Discute brevemente qué está sucediendo en este pasaje.

• En el versículo 10, ¿qué pide Dios a la gente que haga?

• ¿Qué dice Dios que haría por ellos si ellos obedecieran?

abro las ventanas de los cielos, y derramo para ustedes bendición hasta que sobreabunde.

[11] Por ustedes reprenderé al devorador, para que no les destruya los frutos del suelo, ni su vid en el campo sea estéril," dice el Señor de los ejércitos.

[12] "Y todas las naciones los llamarán a ustedes bienaventurados, porque serán una tierra de delicias," dice el Señor de los ejércitos.

OBSERVA

El siguiente pasaje fue escrito por Pablo a los creyentes en la iglesia de Corinto, quienes estaban levantando una ofrenda para ayudar a los creyentes de todas partes a enfrentar las necesidades.

2 Corintios 9:7-14

⁷ Que cada uno dé como propuso en su corazón, no de mala gana ni por obligación, porque Dios ama al que da con alegría.

⁸ Y Dios puede hacer que toda gracia abunde para ustedes, a fin de que teniendo siempre todo lo suficiente en todas las cosas, abunden para toda buena obra.

⁹ Como está escrito: "El esparcio, dio a los pobres; su justicia permanece para siempre."

¹⁰ Y el que suministra semilla al sembrador y pan para su alimento, suplirá y multiplicará la siembra de ustedes y aumentará la cosecha de su justicia.

¹¹ Ustedes serán enriquecidos en todo

Líder: *Lee en voz alta 2 Corintios 9:7-14.*
Pide al grupo que...

- *dibuje un cuadro alrededor de toda referencia a **ministración** y **liberalidad**.*
- *marque toda referencia a **Dios Padre** y **Jesucristo, el Hijo de Dios** con un triángulo.*

DISCUTE

- De las referencias que marcaste, ¿qué observas acerca de Dios con relación a nuestra dádiva?

- ¿Qué aprendes de estos versículos sobre la importancia del corazón del dador?

- De acuerdo a este pasaje, ¿cuáles son las consecuencias de una dádiva abundante o generosa? Asegúrate de examinar cuidadosamente el texto, pues no queremos que pases nada por alto.

• ¿Piensas que la mayoría de la gente ve el dar como una ministración, como algo gozoso? ¿Tendemos a reconocer la dádiva como algo que glorifica a Dios por la acción de gracias que produce? Explica tus respuestas.

• De acuerdo al versículo 13, ¿cuál es la relación entre dar y la confesión, o creencia, en el evangelio de Cristo?

• ¿Cuál es la enseñanza más significativa que has aprendido esta semana? ¿Cómo la aplicarás a tu vida?

• De todo lo observado en esta semana, en relación con el dinero, ¿en qué punto te encuentras? ¿Has buscado tu seguridad en las riquezas materiales en lugar de en Dios? ¿Estás acumulando tesoros para ti mismo y le has robado a Dios? ¿Cuál es la instrucción de Dios?

para toda liberalidad, la cual por medio de nosotros produce acción de gracias a Dios.

12 Porque la ministración de este servicio no sólo suple con plenitud lo que falta a los santos, sino que también sobreabunda a través de muchas acciones de gracias a Dios.

13 Por la prueba dada por esta ministración, glorificarán a Dios por la obediencia de ustedes a la confesión del evangelio de Cristo, y por la liberalidad de su contribución para ellos y para todos.

14 Ellos, a su vez, mediante la oración a favor de ustedes, también les demuestran su anhelo debido a la sobreabundante gracia de Dios en ustedes.

FINALIZANDO

Es realmente sorprendente todo lo que la Biblia tiene que decir con respecto al dinero. Dios sabe que la necesidad de dinero es una realidad de nuestra vida diaria, pero Él no quiere que nos preocupemos por eso. Él nos llama a "buscar primero el reino de Dios y su justicia" (Mateo 6:33). En caso de hacerlo así, Él promete hacerse cargo de nosotros.

¿Das generosamente a otros y a tu iglesia, confiado en que Dios suplirá tus necesidades? ¿O das a regañadientes? ¿Tu chequera refleja la prioridad de Dios o la tuya?

¿Qué busca tu corazón? ¿Estás acumulando tesoros en el cielo o en la tierra? ¿Estás satisfecho con lo que tienes? ¿O andas en busca de más, lo que significa que no estás satisfecho con la provisión divina? Dios conoce todas tus necesidades—cada una—y el puede enfrentar esas necesidades con Su abundancia. Él ya ha asegurado tu futuro en el cielo. ¿Por qué no permites que Dios también cuide de tus necesidades presentes?

Si tú y tu cónyuge permiten que los principios financieros de Dios los guíen en sus decisiones, se librarán de muchas de las tensiones que enfrentan los matrimonios. Tus oportunidades de armonía aumentarán y las bendiciones vendrán. ¿Por qué no comienzas a poner en práctica la sabiduría financiera de Dios en tu matrimonio? ¿Qué podrías perder?

Esta singular serie de estudios bíblicos del equipo de enseñanza de Ministerios Precepto Internacional, aborda temas con los que luchan las mentes investigadoras; y lo hace en breves lecciones muy fáciles de entender e ideales para reuniones de grupos pequeños. Estos cursos de estudio bíblico, de la serie 40 minutos, pueden realizarse siguiendo cualquier orden. Sin embargo, a continuación te mostramos una posible secuencia a seguir:

¿Cómo Sabes que Dios es Tu Padre?

Muchos dicen: "Soy cristiano"; pero, ¿cómo pueden saber si Dios realmente es su Padre—y si el cielo será su futuro hogar? La epístola de 1 Juan fue escrita con este propósito—que tú puedas saber si realmente tienes la vida eterna. Éste es un esclarecedor estudio que te sacará de la oscuridad y abrirá tu entendimiento hacia esta importante verdad bíblica.

Cómo Tener una Relación Genuina con Dios

A quienes tengan el deseo de conocer a Dios y relacionarse con Él de forma significativa, Ministerios Precepto abre la Biblia para mostrarles el camino a la salvación. Por medio de un profundo análisis de ciertos pasajes bíblicos cruciales, este esclarecedor estudio se enfoca en dónde nos encontramos con respecto a Dios, cómo es que el pecado evita que lo conozcamos y cómo Cristo puso un puente sobre aquel abismo que existe entre los hombres y su SEÑOR.

Ser un Discípulo: Considerando Su Verdadero Costo

Jesús llamó a Sus seguidores a ser discípulos. Pero el discipulado viene con un costo y un compromiso incluido. Este estudio da una mirada inductiva a cómo la Biblia describe al discípulo, establece las características de un seguidor de Cristo e invita a los estudiantes a aceptar Su desafío, para luego disfrutar de las eternas bendiciones del discipulado.

¿Vives lo que Dices?

Este estudio inductivo de Efesios 4 y 5, está diseñado para ayudar a los estudiantes a que vean por sí mismos, lo que Dios dice respecto al estilo de vida de un verdadero creyente en Cristo. Este estudio los capacitará para vivir de una manera digna de su llamamiento; con la meta final de desarrollar un andar diario con Dios, caracterizado por la madurez, la semejanza a Cristo y la paz.

Viviendo Una Vida de Verdadera Adoración

La adoración es uno de los temas del cristianismo peor entendidos; este estudio explora lo que la Biblia dice acerca de la adoración: ¿qué es? ¿Cuándo sucede? ¿Dónde ocurre? ¿Se basa en las emociones? ¿Se limita solamente a los domingos en la iglesia? ¿Impacta la forma en que sirves al SEÑOR? Para éstas y más preguntas, este estudio nos ofrece respuestas bíblicas novedosas.

Descubriendo lo que Nos Espera en el Futuro

Con todo lo que está ocurriendo en el mundo, las personas no pueden evitar cuestionarse respecto a lo que nos espera en el futuro. ¿Habrá paz alguna vez en la tierra? ¿Cuánto tiempo vivirá el mundo bajo la amenaza del terrorismo? ¿Hay un horizonte con un solo gobernante mundial? Esta fácil guía de estudio conduce a los lectores a través del importante libro de Daniel; libro en el que se establece el plan de Dios para el futuro.

Cómo Tomar Decisiones Que No Lamentarás

Cada día nos enfrentamos a innumerables decisiones y algunas de ellas pueden cambiar el curso de nuestras vidas para siempre. Entonces, ¿a dónde acudes en busca de dirección? ¿Qué debemos hacer cuando nos enfrentamos a una tentación? Este breve estudio te brindará una práctica y valiosa guía, al explorar el papel que tiene la Escritura y el Espíritu Santo en nuestra toma de decisiones.

Dinero y Posesiones: La Búsqueda del Contentamiento

Nuestra actitud hacia el dinero y las posesiones reflejará la calidad de nuestra relación con Dios. Y, de acuerdo con las Escrituras, nuestra visión del dinero nos muestra dónde está descansando nuestro verdadero amor. En este estudio, los lectores escudriñarán las Escrituras para aprender de dónde proviene el dinero, cómo se supone que debemos manejarlo y cómo vivir una vida abundante, sin importar su actual situación financiera.

Cómo puede un Hombre Controlar Sus Pensamientos, Deseos y Pasiones

Este estudio capacita a los hombres con la poderosa verdad de que Dios ha provisto todo lo necesario para resistir la tentación; y lo hace, a través de ejemplos de hombres en las Escrituras, algunos de los cuales cayeron en pecado y otros que se mantuvieron firmes. Aprende cómo escoger el camino de pureza, para tener la plena confianza de que, a través del poder del Espíritu Santo y la Palabra de Dios, podrás estar algún día puro e irreprensible delante de Dios.

Viviendo Victoriosamente en Tiempos de Dificultad

Vivimos en un mundo decadente, poblado por gente sin rumbo y no podemos escaparnos de la adversidad y el dolor. Sin embargo, y por alguna razón, los difíciles tiempos que se viven actualmente son parte del plan de Dios y sirven para Sus propósitos. Este valioso estudio ayuda a los lectores a descubrir cómo glorificar a Dios en medio del dolor; al tiempo que aprenden cómo encontrar gozo aún cuando la vida parezca injusta y a conocer la paz que viene al confiar en el Único que puede brindar la fuerza necesaria en medio de nuestra debilidad.

El Perdón: Rompiendo el Poder del Pasado

El perdón puede ser un concepto abrumador, sobre todo para quienes llevan consigo profundas heridas provocadas por difíciles situaciones de su pasado. En este estudio innovador, obtendrás esclarecedores conceptos del perdón de Dios para contigo, aprenderás cómo responder a aquellos que te han tratado injustamente y descubrirás cómo la decisión de perdonar rompe las cadenas del doloroso pasado y te impulsa hacia un gozoso futuro.

Elementos Básicos de la Oración Efectiva

Esta perspectiva general de la oración te guiará a una vida de oración con más fervor, a medida que aprendes lo que Dios espera de tus oraciones y qué puedes esperar de Él. Un detallado examen del Padre Nuestro y de algunos importantes principios obtenidos de ejemplos de oraciones a través de la Biblia, te desafiarán a un mayor entendimiento de la voluntad de Dios, Sus caminos y Su amor por ti mientras experimentas lo que significa verdaderamente el acercarse a Dios en oración.

Cómo Liberarse de los Temores

La vida está llena de todo tipo de temores que pueden asaltar tu mente, perturbar tu alma y traer estrés incalculable. Pero no tienes que permanecer cautivo a tus temores. En este estudio de seis semanas aprenderás cómo confrontar tus circunstancias con fortaleza y coraje mientras vives en el temor del Señor – el temor que conquista todo temor y te libera para vivir en fe.

Cómo se Hace un Líder al Estilo de Dios

¿Qué espera Dios de quienes Él coloca en lugares de autoridad? ¿Qué características marcan al verdadero líder efectivo? ¿Cómo puedes ser el líder que Dios te ha llamado a ser? Encontrarás las respuestas a éstas y otras preguntas, en este poderoso estudio de cuatro importantes líderes de Israel—Elí, Samuel, Saúl y David— cuyas vidas señalan principios que necesitamos conocer como líderes en nuestros hogares, en nuestras comunidades, en nuestras iglesias y finalmente en nuestro mundo.

¿Qué Dice la Biblia Acerca del Sexo?

Nuestra cultura está saturada de sexo, pero muy pocos tienen una idea clara de lo que Dios dice acerca de este tema. En contraste a la creencia popular, Dios no se opone al sexo; únicamente, a su mal uso. Al aprender acerca de las barreras o límites que Él ha diseñado para proteger este regalo, te capacitarás para enfrentar las mentiras del mundo y aprender que Dios quiere lo mejor para ti.

Principios Clave para el Ayuno Bíblico

La disciplina espiritual del ayuno se remonta a la antigüedad. Sin embargo, el propósito y naturaleza de esta práctica a menudo es malentendida. Este vigorizante estudio explica por qué el ayuno es importante en la vida del creyente promedio, resalta principios bíblicos para el ayuno efectivo y muestra cómo esta poderosa disciplina lleva a una conexión más profunda con Dios.

Entendiendo los Dones Espirituales

¿Qué son Dones Espirituales? El tema de los dones espirituales podría parecer complicado: ¿Quién tiene dones espirituales – "las personas espirituales" o todo el mundo? ¿Qué son dones espirituales?

Entender los Dones Espirituales te lleva directamente a la Palabra de Dios, para descubrir las respuestas del Mismo que otorga el don. A medida que profundizas en los pasajes bíblicos acerca del diseño de Dios para cada uno de nosotros, descubrirás que los dones espirituales no son complicados – pero sí cambian vidas.

Descubrirás lo que son los dones espirituales, de dónde vienen, quiénes los tienen, cómo se reciben y cómo obran dentro de la iglesia. A medida que estudias, tendrás una nueva visión de cómo puedes usar los dones dados por Dios para traer esperanza a tu hogar, tu iglesia y a un mundo herido.

Viviendo Como que le Perteneces a Dios

¿Pueden otros ver que le perteneces a Dios?

Dios nos llama a una vida de gozo, obediencia y confianza. Él nos llama a ser diferentes de quienes nos rodean. Él nos llama a ser santos.

En este enriquecedor estudio, descubrirás que la santidad no es un estándar arbitrario dentro de la iglesia actual o un objetivo inalcanzable de perfección intachable. La santidad se trata de agradar a Dios – vivir de tal manera que sea claro que le perteneces a Él. La santidad es lo que te hace único como un creyente de Jesucristo.

Ven a explorar la belleza de vivir en santidad y ver por qué la verdadera santidad y verdadera felicidad siempre van de la mano.

Amando a Dios y a los demás

¿Qué quiere realmente Dios de ti?

Es fácil confundirse acerca de cómo agradar a Dios. Un maestro de Biblia te da una larga lista de mandatos que debes guardar. El siguiente te dice que solo la gracia importa. ¿Quién está en lo correcto?

Hace siglos, en respuesta a esta pregunta, Jesús simplificó todas las reglas y regulaciones de la Ley en dos grandes mandamientos: amar a Dios y a tu prójimo. Amar a Dios y a los demás estudia cómo estos dos mandamientos definen el corazón de la fe Cristiana. Mientras descansas en el conocimiento de lo que Dios te ha llamado a hacer, serás desafiado a vivir estos mandamientos – y descubrir cómo obedecer los simples mandatos de Jesús transformarán no solo tu vida sino también las vidas de los que te rodean.

Distracciones Fatales: Conquistando Tentaciones Destructivas

¿Está el pecado amenazando tu progreso espiritual? Cualquier tipo de pecado puede minar la efectividad del creyente, pero ciertos pecados pueden enraizarse tanto en sus vidas - incluso sin darse cuenta - que se vuelven fatales para nuestro crecimiento espiritual. Este estudio trata con seis de los pecados "mortales" que amenazan el progreso espiritual: Orgullo, Ira, Celos, Glotonería, Pereza y Avaricia. Aprenderás cómo identificar las formas sutiles en las que estas distracciones fatales pueden invadir tu vida y estarás equipado para conquistar estas tentaciones destructivas para que puedas madurar en tu caminar con Cristo.

La Fortaleza de Conocer a Dios

Puede que sepas acerca de Dios, pero ¿realmente sabes lo que Él dice acerca de Sí mismo – y lo que Él quiere de ti? Este estudio esclarecedor te ayudará a ganar un verdadero entendimiento del carácter de Dios y Sus caminos. Mientras descubres por ti mismo quién es Él, serás llevado hacia una relación más profunda y personal con el Dios del universo – una relación que te permitirá mostrar confiadamente Su fuerza en las circunstancias más difíciles de la vida.

Guerra Espiritual: Venciendo al Enemigo

¿Estás preparado para la batalla?
Ya sea que te des cuenta o no, vives en medio de una lucha espiritual.
Tu enemigo, el diablo, es peligroso, destructivo y está determinado a
alejarte de servir de manera efectiva a Dios. Para poder defenderte a
ti mismo de sus ataques, necesitas conocer cómo opera el enemigo.
A través de este estudio de seis semanas, obtendrás un completo
conocimiento de las tácticas e insidias del enemigo. Mientras
descubres la verdad acerca de Satanás – incluyendo los límites de su
poder – estarás equipado a permanecer firme contra sus ataques y a
desarrollar una estrategia para vivir diariamente en victoria.

Volviendo Tu Corazón Hacia Dios

Descubre lo que realmente significa ser bendecido.
En el Sermón del Monte, Jesús identificó actitudes que traen el favor
de Dios: llorar sobre el pecado, demostrar mansedumbre, mostrar
misericordia, cultivar la paz y más. Algunas de estas frases se han
vuelto tan familiares que hemos perdido el sentido de su significado.
En este poderoso estudio, obtendrás un fresco entendimiento
de lo que significa alinear tu vida con las prioridades de Dios.
Redescubrirás por qué la palabra bendecido significa caminar en
la plenitud y satisfacción de Dios, sin importar tus circunstancias.
A medida que miras de cerca el significado detrás de cada una de
las Bienaventuranzas, verás cómo estas verdades dan forma a tus
decisiones cada día – y te acercan más al corazón de Dios.

ACERCA DE MINISTERIOS PRECEPTO INTERNACIONAL

Ministerios Precepto Internacional fue levantado por Dios para el solo propósito de establecer a las personas en la Palabra de Dios para producir reverencia a Él. Sirve como un brazo de la iglesia sin ser parte de una denominación. Dios ha permitido a Precepto alcanzar más allá de las líneas denominacionales sin comprometer las verdades de Su Palabra inerrante. Nosotros creemos que cada palabra de la Biblia fue inspirada y dada al hombre como todo lo que necesita para alcanzar la madurez y estar completamente equipado para toda buena obra de la vida. Este ministerio no busca imponer sus doctrinas en los demás, sino dirigir a las personas al Maestro mismo, Quien guía y lidera mediante Su Espíritu a la verdad a través de un estudio sistemático de Su Palabra. El ministerio produce una variedad de estudios bíblicos e imparte conferencias y Talleres Intensivos de entrenamiento diseñados para establecer a los asistentes en la Palabra a través del Estudio Bíblico Inductivo.

Jack Arthur y su esposa, Kay, fundaron Ministerios Precepto en 1970. Kay y el equipo de escritores del ministerio producen estudios **Precepto sobre Precepto,** Estudios **In & Out**, estudios de la **serie Señor**, estudios de la **Nueva serie de Estudio Inductivo**, estudios **40 Minutos** y **Estudio Inductivo de la Biblia Descubre por ti mismo para niños.** A partir de años de estudio diligente y experiencia enseñando, Kay y el equipo han desarrollado estos cursos inductivos únicos que son utilizados en cerca de 185 países en 70 idiomas.

MOVILIZANDO

Estamos movilizando un grupo de creyentes que "manejan bien la Palabra de Dios" y quieren utilizar sus dones espirituales y talentos para alcanzar 10 millones más de personas con el estudio bíblico inductivo.
Si compartes nuestra pasión por establecer a las personas en la Palabra de Dios, te invitamos a leer más. Visita **www.precept.org/Mobilize** para más información detallada.

RESPONDIENDO AL LLAMADO

Ahora que has estudiado y considerado en oración las escrituras, ¿hay algo nuevo que debas creer o hacer, o te movió a hacer algún cambio en tu vida? Es una de las muchas cosas maravillosas y sobrenaturales que resultan de estar en Su Palabra – Dios nos habla. En Ministerios Precepto Internacional, creemos que hemos escuchado a Dios hablar acerca de nuestro rol en la Gran Comisión. Él nos ha dicho en Su Palabra que hagamos discípulos enseñando a las personas cómo estudiar Su Palabra. Planeamos alcanzar 10 millones más de personas con el Estudio Bíblico Inductivo.

Si compartes nuestra pasión por establecer a las personas en la Palabra de Dios, ¡te invitamos a que te unas a nosotros! ¿Considerarías en oración aportar mensualmente al ministerio? Si ofrendas en línea en **www.precept. org/ATC**, ahorramos gastos administrativos para que tus dólares alcancen a más gente. Si aportas mensualmente como una ofrenda mensual, menos dólares van a gastos administrativos y más van al ministerio. Por favor ora acerca de cómo el Señor te podría guiar a responder el llamado.

COMPRA CON PROPÓSITO

Cuando compras libros, estudios, audio y video, por favor cómpralos de Ministerios Precepto a través de nuestra tienda en línea (**http://store.precept.org/**) o en la oficina de Precepto en tu país. Sabemos que podrías encontrar algunos de estos materiales a menor precio en tiendas con fines de lucro, pero cuando compras a través de nosotros, las ganancias apoyan el trabajo que hacemos:

• Desarrollar más estudios bíblicos inductivos
• Traducir más estudios en otros idiomas
• Apoyar los esfuerzos en 185 países
• Alcanzar millones diariamente a través de la radio y televisión
• Entrenar pastores y líderes de estudios bíblicos alrededor del mundo
• Desarrollar estudios inductivos para niños para comenzar su viaje con Dios
• Equipar a las personas de todas las edades con las habilidades es estudio bíblico que transforma vidas

Cuando compras en Precepto, ¡ayudas a establecer a las personas en la Palabra de Dios!